농구를 사랑하는 사람들에게

볼수록 만만한 리얼 농구

2010년 11월 23일 초판 1쇄 발행
2014년 10월 27일 초판 2쇄 발행

글 | 이우담
그림 | (주)형설이엠제이
펴낸이 | 장진혁
편집주간 | 이경자
편집진행 | 최수환, 신수연, 김혜란, 지승민, 최지윤, 김효진, 장미나
디자인 | 박혜옥, 김보경, 이정아
영업 | 황승주, 이광호, 송상영, 최지환, 이병철
제작 | 류완규, 서재동
마케팅 | 정종민, 백승남, 이대현, 김예진, 김민경
펴낸곳 | 형설라이프
주소 | 경기도 파주시 회동길 37-23
전화 | (031) 955-2336, 2351, 2361
팩스 | (031) 955-2341
등록 | 101-90-79500
홈페이지 | www.hslife.co.kr

ISBN 978-89-92984-93-5 03690

볼수록 만만한

리얼 농구

글 이우담 그림 (주)형설이엠제이

형설Life

preface

농구는 축구, 야구, 배구와 함께 4대 인기 스포츠 종목이다. 중・고등학교, 대학교는 물론, 초등학교에도 많은 농구팀이 있다. 또한 남녀 프로 농구는 겨울철 가장 인기 있는 스포츠로 많은 사랑을 받고 있다.

농구는 경기의 특성상 어린이들의 성장에 좋다. 슈팅과 패스를 통해 끊임없이 점프를 해야 하기 때문에 키가 자라는 데 큰 도움을 준다. 또한 쉴 새 없이 달리고 민첩하게 움직여야 하며, 재빨리 상황을 판단해야 하기 때문에 건강과 두뇌 활동에도 대단히 좋다.

그러한 이유들로 각 급 학교에서도 학생들에게 농구를 권장하고 있으며 방과 후 학교에는 농구 교실이 빠지지 않는다. 또한 많은 어린이들이 농구를 배우고 싶어 한다.

하지만 안타깝게도 어린이들을 위한 농구 교본은 거의 없는 실정이다. 시중에 몇 가지 농구 지침서들이 있기는 하지만, 선수들이나 어느 정도 수준을 갖춰야 이해할 수 있는 지침서들로 초보자나 어린이들에게는 어렵게 느껴지는 책들이다.

『볼수록 만만한 농구』는 그러한 안타까움에서 만들어졌다. 농구 초보자나 어린이들이 이해하기 쉽게 만화와 삽화, 그리고 재미있는 이야기로 농구를 풀이했으며 흥미 있는 일화도 많이 담았다. 농구에 관심 있는 어린이라면 이 책을 단번에 끝까지 읽을 수 있을 것이다.

그렇다고 해서 내용이 허술한 것은 절대 아니다. 농구를 이해하고 기술을 습득하는 데 꼭 필요한 농구의 기본 지식, 기초 기술, 규칙과 용어 그리고 어린이들도 관심이 많은 NBA 미국 프로 농구 이야기까지 빠짐없이 내용에 포함시켰다.

매년 프로 농구 시즌이 시작될 때면 농구를 좋아하는 어린이들은 가슴이 설렐 것이다. 아무쪼록 이 책이 농구를 제대로 알고 이해하는 데 도움이 되길 바란다. 기꺼이 이 책을 만들어 주신 형설라이프와 많은 도움을 주신 SK나이츠 프로 농구단에 감사드린다.

이우담

Contents

농구 에티켓

사람은 혼자서는 살 수 없으며 많은 사람들이 어울려 함께 살아간다. 따라서 서로 협동해야 하며 다른 사람들에게 피해를 주지 않도록 노력해야 한다.

스포츠에서 에티켓은 매우 중요하다. 농구의 에티켓은 크게 두 가지로 나눠 볼 수 있다. 하나는 농구 경기를 관람할 때 지켜야 할 에티켓이고, 또 하나는 직접 농구를 할 때 지켜야 할 에티켓이다.

먼저 농구 경기를 관람할 때의 에티켓부터 살펴보자.

농구는 다른 어떤 스포츠보다 빠르게 진행된다. 1초뿐 아니라 0.1초에도 승패가 뒤바뀔 수 있다. 눈 깜짝할 사이에 수많은 변화가 일어나는 경기이기 때문에 코트에는 항상 긴장감이 흐른다.

따라서 관중이나 응원단이 자기 팀을 응원하는 것은 좋지만 경기에 방해가 되지 않도록 조심해야 한다. 더욱이 농구는 실내경기다. 축구와 야구 같은 야외 경기는 운동장이 넓기 때문에, 큰 소리로 함성을 지르고 악기와 같은 응원 도구를 사용해도 괜찮지만 농구는 질서 의식이 있어야 한다. 경기 중에 큰 소리로 떠들거나 옆 사람하고 장난치며 이리저리 돌아다니면 안 된다.

응원하는 팀이 슈팅에 성공했을 때 박수 치는 것은 괜찮지만 상대 팀에게 야유를 퍼붓거나 악기를 마구 두드리는 것은 곤란하다. 부부젤라 같이 소리가 큰 악기는 금물이다.

옆 사람에게 방해가 되는 행동을 해서도 안 된다. 격렬한 응원은 작전 타임이나 휴식 시간 등, 경기가 멈춰 있는 시간에 해야 한다.

다음 직접 농구를 할 때의 에티켓이다.

단체경기에는 선수마다 맡은 역할이 있다. 가장 중요한 것은 자기가 맡은 역할을 책임감 있게 완수하는 것이다. 자신이 책임을 다하지 못했거나 실수가 있었을 때는 솔직히 시인해야 한다. 남을 탓하면 팀워크가 깨진다. 또한 잘한 동료에게는 박수와 칭찬을 아끼지 말아야 한다.

농구는 상대편 선수와 신체 접촉이 많다. 다른 선수와 부딪쳤을 때 짜증을 내거나 상대에게 분풀이를 하는 것은 옳지 못한 행동이다. 신체 접촉으로 문제가 발생하거나 화가 났더라도 판단은 심판에게 맡겨야 한다.

심판은 공정한 판단을 내리기 위해 노력하지만, 간혹 실수할 수 있다. 심판의 판정이 이해되지 않는다고 해서 심판에게 지나치게 대들거나 화를 내서는 안 된다. 심판의 오심도 경기의 일부라는 말이 있다. 억울한 생각이 들더라도 받아들이고 경기에 다시 임해야 한다.

단체경기에서 중요한 것은 무엇보다도 화합과 협동이다. 패스를 해야 하는데도 혼자 돋보이기 위해서 무리하게 단독 드리블을 하거나 무리한 슈팅을 계속하면, 동료 선수들은 사기가 떨어지고 의욕을 잃게 된다. 그러면 팀워크가 깨지고 경기에서 이기기 어려워진다. 동료 선수를 돕는다는 마음가짐으로 경기를 해야 한다.

와, 신난다!
농구 구경은 처음이야!
어흠, 그게 모두 훌륭한 아빠를 둔 덕분인 줄 알아라.
부웅-
끼익
아빠 같이 가! 숨차 죽겠어.
서울 특별시 학생체육관
잠실 종합운동장
지금 마라톤 연습하는 거야?
브라보, 바비 달려라! 자칫하면 늦겠다.
웅성
웅성
SK Knights

우와,
만원이다!
아휴, 더워.
화장실은
어떻게 가지?
참아!
시원한
음료수나
아이스크림
있습니다.
와
농구 인기가
이렇게 대단한 줄
몰랐어.
와
와아
빈자리가 없어!
와
휴우, 늦을 뻔했다.
아빠, 아이스크림
사 주세요. 목말라요.
저도요!
와
아직까지 한 번도 패한 적이 없는
양 팀이 숙명의 대결을 펼치게
되었습니다. 창과 방패의 대결이라
할 수 있겠죠?
그렇습니다. 최고의 공격력을 자랑하는
SK나이츠와 철벽수비의 BB슈퍼맨스!
아무도 결과를 예측할 수 없는 창과
방패의 대결이 되겠습니다.

특히, 한국 최고의 슛쟁이로 불리는
SK나이츠 오삼점 선수의 정확한 슛을
BB슈퍼맨스가 어떻게 막느냐가
관건이 되겠습니다.
와
방패 역할은 BB슈퍼맨스의
외국인 선수 무탐보가
맡을 것으로 보입니다.
무탐보 선수는 키가 2m 8cm로
슛 블로킹의 명수입니다.
와
겨우
생수 한 병이야.
아빠는
짠돌이.
아이스크림은
설탕이 많이 들어가서
건강에 안 좋단다.
이제 경기가 시작되겠는데요,
양 팀은 어떤 전술로 나올까요?
BB슈퍼맨스의이상범 감독은
SK나이츠의 오삼점 선수를 처음부터
꽁꽁 묶어놓겠다고 했죠.

꽁꽁 묶어?
어떻게?
밧줄로 농구대에
묶어 놓는 거 아냐?
그게 아니라 오삼점 선수가 자유롭게 슛을 못하도록 철저히 방어를 하겠다는 얘기야.
네, 드디어 경기가
시작됐습니다!
슈우
와
탁
와
와아. 빠르다!
번개 같아.
선수들 좀 봐.
정말 크다!
키가 장대 같아.
통
통
쉬잇! 브라보, 바비
조금만
조용히 하자.
속공이야, 속공!
계속 밀어붙여!
와

정말 빠르다. 농구가 이렇게 빠른 경기인 줄 몰랐어.
눈이 핑핑 돌고 어지러워.
아빠, 어지러워요. 아이스크림 사 주세요.
슈욱
와
촤악
와
3점슛을 잇달아 성공시키는 오삼점 선수!
네, 정말 대단합니다. BB슈퍼맨스의 강력한 방어를 피해서 벌써 4개째 3점 슛을 넣고 있습니다.
와
와
타임!
Knights
쿵 치 따!
쿵 치 따!

아니, 갑자기 웬 춤이야?
농구 코트에 여자들이 나와서……?
치어리더들이란다. 농구는 실내경기이기 때문에 축구나 야구처럼 요란한 응원은 곤란하거든. 선수들이 경기에 집중할 수 없어. 그래서 각 팀마다 치어리더들이 있단다. 치어리더들은 휴식 시간이나 작전타임으로 경기가 중단될 때 코트에 나와서 응원하지.
쾅!
와
덩크슛! 무탐보 선수.
네, BB슈퍼맨스가 작전을 바꿨군요. 적극적인 공격을 펼치고 있습니다.
덩크슛? 어디서 많이 들어본 소린데?
슬램덩크?
와

BB슈퍼맨스 파울!
삑!
SK나이츠 자유투 2개를 얻었습니다. 오삼점 선수가 프리스로를 합니다.
와
와
자유투 2개 모두 성공해도 아직 SK나이츠가 뒤처지는 상황입니다!
시간이 얼마 안 남았습니다. 치열한 리바운드! SK나이츠가 공을 잡았습니다.
터억
야, 손에 땀이 난다. 바비야, 아이스크림 사줄까?
싫어요. 아빠, 방해하지 마세요.
우와, 최고다!
BB > SK
88 4 86
00 03
5
작전타임!
어? 3초 남았는데 작전타임이라니?
농구는 1초, 2초가 중요한 숨 막히는 경기란다. 0.1초 남겨놓고도 타임을 부를 수 있지.

남은 시간 0.1초!
오삼점 선수 3점슛!
타앗
슈우
삐이!
골인!
좌악
와
버저비터! 88:89 SK나이츠의 역전승입니다.
정말 명승부입니다. 0.1초 남기고 오삼점 선수가 던진 3점슛이 성공했습니다. SK나이츠의 극적인 승리입니다.
버저비터?
경기 종료를 알리는 버저가 울리기 직전 던진 공이 골인되는 것을 버저비터라고 한단다.
0.1초?
와
와
농구가 이렇게 재미있는 경기인 줄 미처 몰랐어.
아빠, 이제 아이스크림 사 주세요.
아니다, 우리 SK나이츠가 이겼으니 피자를 사 주마!

1

농구 제대로 알기

농구의 기본 지식

농구 알아보기

"정말 재미있었어."

"농구가 그렇게 재미있는 경기인 줄 미처 몰랐다니까."

"가슴이 조마조마해서 혼났어."

"0.1초 남기고 슛!"

"골인! 버저비터!"

아빠는 약속대로 브라보와 바비에게 피자를 사 주었다. 브라보와 바비는 피자를 먹으며 신나게 경기 내용을 이야기했다. 아빠도 응원하는 팀이 극적으로 승리를 거두어서 기분이 무척 좋았다. 브라보와 바비가 지나치게 떠들자 아빠가 주의를 주었다.

"애들아, 여러 사람이 있는 식당에서는 큰 소리로 떠드는 게 아니야. 모두 너희들을 바라보잖니? 좀 목소리를 낮추어라."

브라보와 바비는 주위를 둘러보더니 목소리를 낮췄다.

"죄송해요."

"조용히 얘기할게요."

"그래, 농구 경기를 보면서 느낀 점을 얘기해보렴."

"선수들 키가 무척 커요."

"굉장히 빨라요."

"정말 아슬아슬해요."

"농구에서는 1초도 아주 소중한 것 같아요."

브라보가 손을 크게 흔들며 말하자 아빠가 다시 주의를 주었다.

"어허, 또 목소리가 커진다."

"아차!"

피자를 맛있게 먹은 브라보와 바비는 피자집을 나오자 아빠에게 매달렸다.

"아빠, 여기서는 큰 소리로 말해도 되죠?"

"말해보렴."

"아빠, 농구 가르쳐 주세요!"

"잘 모르는 것들이 많았어요."

"점수도 1점, 2점, 3점……. 똑같은 슛인데 어떻게 다른 거죠?"

브라보와 바비가 함께 졸라대자 아빠가 두 손을 들었다.

"알았다, 알았어. 농구를 가르쳐 주마."

"우와!"

"하지만 농구가 어떤 스포츠인지 기본 지식이 있어야 하지 않겠니? 먼저 너희들이 스스로 농구에 대해서 알아보렴."

이튿날부터 브라보와 바비는 농구에 대해서 알아보기 시작했다. 인터넷도 검색해보고, 학교 도서관에서 농구에 대한 책도 찾아봤다. 그리고 며칠 뒤, 브라보와 바비는 아빠에게 자신 있게 노트를 내놓았다. 아빠는 꼼꼼히 노트를 살펴봤다.

"흠, 제법 공부를 많이 했구나."

"농구의 역사도 알아봤어요."

"우리나라 농구의 역사도 살펴봤거든요."

"그래, 잘했다. 그럼 아빠가 몇 가지 물어볼 테니까 대답해봐라."

"네, 자신 있어요."

아빠가 만족해하자 브라보와 바비는 신이 났다. 아빠가 어떤 질문을 해도 자신 있게 대답할 수 있을 것 같았다.

"내가 대답할 테니까 오빠는 말하지 마."

바비가 브라보를 가로막으며 아빠 옆에 바짝 다가앉았다.

"그럼 바비가 먼저 대답해보렴."

"좋아요. 무엇이든 물어보세요, 아빠."

"농구를 하려면 무엇이 필요하지?"

"농구공이요."

"그건 당연하고, 또?"

"농구를 할 수 있는 코트가 있어야 하고, 농구대가 있어야죠."

바비는 방긋방긋 웃으며 자신 있게 대답했고, 브라보는 바비를 바라보며 아쉬운 듯 눈을 흘겼다.

"그렇지. 농구대에는 백보드가 있고, 그물망 달린 림이 있지?"

"맞아요. 다른 말로 바스켓이라고 하잖아요?"

결국 브라보가 참지 못하고 끼어들었다.

"바스켓은 바구니라는 뜻이야. 그래서 농구를 영어로 바스켓볼이라고 하잖아."

"나도 안단 말이야. 오빠는 가만있으라니까."

"그래, 바비가 대답해보렴. 축구는 한 팀이 11명, 야구는 9명이다. 농구는 한 팀이 몇 명이지?"

"5명이요."

"그렇지. 농구는 한 팀에 5명씩, 두 팀이 농구공 하나를 가지고 패스하거나 드리블해서 상대편의 바스켓에 던져 넣는 경기란다."

"슛 성공을 많이 한 팀, 그러니까 득점을 많이 한 팀이 이기는 거죠?"

"그렇단다. 공격하는 팀은 여러 가지 방법으로 슛을 하고, 상대 팀은 슛을 하지 못하도록 방어를 하면서 정해진 시간에 득점을 많이 하는 팀이 이기는 경기야."

바비와 아빠의 이야기를 듣던 브라보가 불쑥 대화에 끼어들었다.

"아빠, 축구는 전후반 45분씩 90분 동안 경기를 하잖아요? 농구는 경기 시간이 몇 분이에요?"

"음, 브라보가 아주 좋은 질문을 했구나. 농구의 전체 경기 시간은 40분이야. 40분을 10분씩 피리어드로 나누어 경기를 진행한다. 시간을 4등분하기 때문에 '쿼터'라고도 한단다. 각 피리어드가 끝날 때마다 2분간 휴식이 주어지지."

"그런데 40분이 왜 그렇게 길게 느껴질까요?"

"허허, 당연히 그럴 거다. 농구는 경기가 워낙 빠르게 진행되기 때문에 1초가 소중하지. 그래서 전반전과 후반전, 쿼터와 쿼터 사이의 휴식 시간은 물론이고 반칙했을 때, 라인 밖에서 스로인하기 전, 자유투를 던질 때, 작전타임 때, 선수가 넘어져 있을 때 등 경기가 중단될 때마다 시계가 멈춘단다."

"아, 그렇구나. 그래서 실제로는 경기 시간이 한 시간도 더 걸리는구나."

"경기가 지연되는 것을 막기 위해서 공격제한시간도 있지."

"공격제한시간이요?"

모르는 말이 나오자 갑자기 궁금해진 바비가 아빠와 브라보의 대화에 끼어들었다. 아빠는 바비를 바라보며 설명을 계속했다.

"그래, 공격하는 팀은 하프라인을 넘어서 상대편 진영에 들어가면 마냥 패스만 하면서 시간을 끌 수 없단다. 총 24초의 공격 시간이 주어지는데 공격이 시작되면 8초 안에 상대편 진영으로 넘어가야 하고, 남은 시간에 슛을 해야 하지. 슛이 실패해

서 공이 림을 맞고 나온 경우, 공격팀이 그 공을 리바운드하면 다시 24초의 공격 시간을 가지지. 하지만 에어볼, 즉 림에 맞지 않은 공을 공격팀이 다시 소유하면 공격 시간은 주어지지 않고 그대로 진행된단다."

"어쩐지 공격이 번개처럼 빠르더라."

잠깐 뭔가를 생각하고 있던 브라보도 아빠에게 궁금증을 쏟아냈다.

"그런데, 아빠. 슛이나 골인은 알겠는데요. 드리블, 패스, 리바운드……. 이런 것들은 어떤 동작을 말하는 거예요?"

"저도 궁금한 게 있어요. 같은 슛인데도 1점, 2점, 3점…….

득점이 다르잖아요? 왜 점수 차이가 있는 거죠?"

"저도 궁금한 게 더 있어요. 반칙이나 벌칙은 어떤 동작인가요?"

질문이 쏟아지자 아빠는 갑자기 소파에서 벌떡 일어났다.

"백문이 불여일견이지."

"백문이 불여일견? 무슨 말이에요?"

"백 번 귀로 듣는 것보다 한 번 눈으로 보는 것이 낫다는 뜻이야. 자, 체육복으로 갈아입고 나가자."

브라보와 바비는 아빠가 왜 그러는지 궁금했지만 아빠가 시키는 대로 체육복으로 갈아입고 나왔다. 아빠도 어느 틈에 체육복으로 갈아입고 기다리고 있었다.

여기를 보세요!

농구의 역사

농구는 남녀가 다 같이 즐길 수 있는, 전 세계적으로 가장 인기 있는 구기 종목 가운데 하나다. 경기 내용이 박진감 넘치고 1분 1초를 다투며 숨 가쁘고 아슬아슬하게 진행되기 때문에, 인간이 만들어낸 스포츠 종목 가운데 최고의 작품이라는 평가를 받기도 한다.

농구는 약 120년 전인 1891년 미국에서 시작되었다. 미국 매사추세츠 주 스프링필드에 있는 YMCA 트레이닝 스쿨의 귤릭이라는 사람은 겨울철 실내에서 즐길 수 있는 구기 종목이 없는 것을 무척 안타깝게 생각했다. 미국 동북부 지방은 몹시 추운 곳으로 겨울이면 실외경기를 즐길 수 없기 때문이다. 귤릭은 YMCA 체육 교사인 제임스 네이스미스에게 실내에서 공을 가지고 즐길 수 있는 경기를 만들어 보라고 지시했다.

네이스미스는 오랜 연구 끝에 몇 가지 경기 규칙과 바스켓볼을 만들었다. 최초의 바스켓볼은 체육관 양쪽 베란다에 복숭아 바구니를 걸어 놓고 축구공을 던져서 집어넣는 경기였으며, 한 팀의 인원은 9명이었다. YMCA 대학생 18명이 9명씩 팀을 이뤄서 첫 경기를 했다.

당시에는 체육관 사정에 따라 코트의 크기와 경기 인원도 제각각이었다. 1895년 한 팀의 인원을 5명으로 한다는 합의가 이루어졌다. 1896

년 처음으로 공식적인 규칙위원회가 구성되어 각종 규칙을 만들고 코트 크기도 통일해 갔다.

코트 규격이 통일되고 규칙이 세밀하게 만들어지고 한 팀이 5명씩으로 정해진 뒤, 거기에 따른 공식적인 첫 경기는 1896년 열렸다. 미국의 제네바 대학 또는 아이오와 대학의 경기였다. 1905년에는 미국서부대학바스켓볼협회가 설립되었으며, 1915년에는 YMCA를 비롯해서 미국체육협회, 미국대학연맹 등이 앞장서서 농구를 적극적으로 보급, 전세계로 퍼져나가기 시작했다.

처음에는 농구대와 백보드도 나무로 만들었다. 밑이 막혀 있는 바구니를 사용했기 때문에 사다리나 장대를 이용해서 바구니에 들어간 공을 꺼내야 했으며, 1912년에야 밑이 터진 그물이 채택되었다. 또한 처음에는 경기에 축구공이 사용되었는데, 1894년 축구공보다 둘레가 10cm쯤 큰 농구공이 개발되었다.

1930년대에 와서는 백보드도 개량되어 유리 백보드, 원형 백보드 등이 나왔다. 1930년대 중반에는 투명한 백보드가 등장해서 인기를 끌었고 1946년경 투명 백보드를 공식적으로 사용하기 시작했다.

농구가 정식 올림픽 종목으로 실시된 것은 1936년 제11회 베를린 올림픽부터였다. 그 후, 농구에 대한 관심이 더욱 높아졌으며 제2차 세계대전이 끝난 뒤부터 세계적으로 농구 붐이 일어났다.

1952년 제15회 헬싱키 올림픽까지는 미국에서 만든 경기 규정이 사용됐지만, 그 뒤로는 국제농구연맹FIBA이 새로 만든 경기 규정을 사용했다. 1976년 몬트리올 올림픽에서는 여자 농구도 정식 종목으로 실시되었다. 2010년 현재 국제농구연맹에 가입한 나라는 213개 국가에 이른다.

세계적으로 가장 인기 있는 농구 경기로는 NBA 미국 프로 농구를 꼽을 수 있다. 60년이 넘는 오랜 역사를 가지고 있는 NBA에서는 미국 각 지역 30개 프로 농구팀이 최고 수준의 농구 경기를 펼친다. 전설적인 농구 황제 마이클 조던 등 수많은 스타플레이어를 배출했으며 현재도 많은 스타플레이어들이 맹활약하고 있다.

여기를 보세요!

우리나라 농구의 역사

우리나라에 현대적인 각종 구기 종목이 들어온 것은 20세기 초엽이다. 특히 외국인 선교사들이 서양 스포츠를 많이 소개했으며 YMCA 같은 종교 단체가 보급에 앞장섰다.

우리나라에 농구를 처음으로 소개한 것도 서양인 선교사였다. 당시 황성기독청년회YMCA의 초대 총무로 부임한 미국인 선교사 질레트Philip.L.Gilet, 한국명 길례태가 1905년 야구에 이어서 1907년 농구를 소개했다. 같은 해 7월에는 일본 도쿄 유학생들과 서양인 연합팀 사이에 농구 경기가 열렸다. 이것이 우리나라에서 열린 첫 농구 경기였다. 그러나 그 다음 해 질레트가 미국으로 돌아가게 되자 농구도 시들해졌다.

한동안 관심을 끌지 못하던 농구는 1916년 미국인 번하트Bernhart가 YMCA 간사로 부임하면서 다시 활기를 띠기 시작했다. 그에 따라 농구가 널리 보급되자 1925년 조선바스켓볼협회현 대한농구협회가 설립되었고, 같은 해 9월에는 우리나라 첫 공식 농구 대회인 제1회 전조선농구대회가 열렸다. 그 후 농구는 큰 인기를 얻으면서 각 급 학교를 중심으로 빠르게 발전해 나갔다.

농구가 올림픽 정식 종목으로 채택된 첫 번째 올림픽인 1936년 제11회 베를린 올림픽에 장이진, 이성구, 염은현 등 3명의 우리나라 농구 선수가 참가했지만 당시는 일제강점기여서 일본 대표팀에 소속되어 있었다.

1948년 대한민국 정부가 수립되자 국제농구연맹FIBA에 정식으로 가입했으며, 같은 해 개최된 제14회 런던 올림픽에 당당히 태극 마크를 달고 출전, 23개 참가국 가운데 8위를 차지하는 놀라운 성적을 올렸다. 1960년에는 제1회 아시아농구선수권대회에서 2위를 차지하여 아시아 농구 강자에 올랐다.

여자 농구의 활약도 눈부시다. 1964년 우리나라가 중심이 되어 아시아여자농구선수권대회를 창설했으며 다음 해인 1965년 제1회 아시아여자농구선수권대회가 서울에서 열렸다. 1967년 체코에서 열린 제5회 세계여자농구선수권대회에서는 당당히 준우승을 차지하여 세계를 놀라게 했다. 특히 1984년 제23회 로스앤젤레스 올림픽에서 우리나라 구기 종목 사상 최초로 올림픽 은메달을 따내며 여자 농구 전성시대를 열었다.

2010년 현재 대한농구협회에는 각 급 학교와 일반팀 209개 팀이 가입되어 있으며 각종 농구 대회가 끊임없이 열리고 있다. 그 가운데는 초등학교 농구팀남 34, 여28도 62개 팀이나 된다.

또한 1996년 한국농구연맹KBL이 창설되었고, 1997년 2월에는 프로 농구가 출범했다. 프로 농구는 같은 해 출범한 여자 프로 농구WKBL와 함께 겨울철 스포츠로서 국민들의 사랑을 받으며 큰 인기를 얻고 있다.

농구의 기본

아빠가 브라보와 바비를 데리고 간 곳은 지역 주민들이 이용하는 스포츠센터였다. 체육관에는 농구대가 설치되어 있었고 한쪽에서는 고등학생들이 농구를 즐기고 있었다.

아빠는 모든 스포츠가 건강에 좋지만 농구는 특히 키가 크는 데 도움이 되고 움직임을 민첩하게 해줄 뿐 아니라, 판단력도 길러주기 때문에 어린이에게 아주 좋은 운동이라고 설명했다.

"자, 이제부터 '농구 제대로 알기' 체험학습을 하겠다. 알았나?"

"네!"

"농구를 하려면 무엇이 갖춰져 있어야 하지?"

"농구 코트, 농구대가 있어야 해요."

"농구공도 필요하고요."

“맞았다. 마침 마루에 농구 코트가 있지? 보이는 것처럼 농구 코트는 가로 15m, 세로 28m의 직사각형이다. 그 가운데 센터 라인이 있고 센터 서클이라고 하는 둥근 원이 있지? 또 농구대 아래에도 여러 라인들이 있지?”

“이 라인들은 무슨 표시죠?”

“이 큰 반원으로 된 라인은 3점 라인이다. 농구대의 림으로부터 6.75m 거리거든. 이 반원으로 된 라인 밖에서 슛을 하면 3점을 얻는다.”

“아, 멀리서 공을 던져서 골인하면 3점이구나.”

“그리고 이 작은 원의 가운데 선은 프리스로 라인이다. 상대편의 반칙으로 자유투를 얻었을 때 누구의 방해도 받지 않고 슛을 하는 곳이지.”

“프리스로, 자유투는 1점!”

“그래, 브라보가 잘 아는구나. 보통 자유투는 2개가 주어지는데 한 번 들어갈 때마다 1점씩 득점하게 된단다.”

“그럼 2점짜리 슛은 어떤 거예요?”

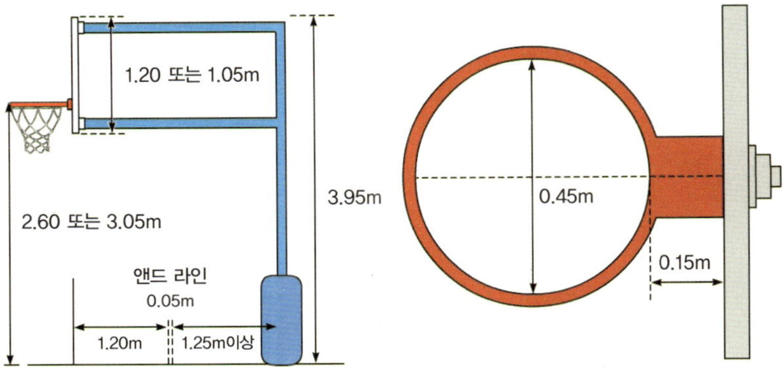

“이 3점 라인 안쪽, 그러니까 바스켓 림 가까운 곳에서 슛을 해서 성공하면 2점을 얻지.”

“아하, 이제 득점은 알겠어요. 그 다음으로 넘어가요, 아빠.”

“다음은 농구대!”

“우와, 정말 높다!”

“이렇게 높으니까 농구 선수들은 키가 커야 유리하지.”

“키가 커도 점프슛을 해야겠어요.”

“농구대 높이는 남자, 여자, 어린이 등 경기하는 선수들의 신체 조건에 따라 차이가 있단다. 하지만 기본적으로 2.60~3.05m 높이란다.”

“아빠, 농구공 주세요. 한번 던져보고 싶어요.”

“아직 안 된다. 설명할 게 남아 있거든. 농구대에 바스켓이 달린 네모진 판이 있지? 이것을 백보드라고 한단다. 뒤에서도 볼

수 있도록 투명판으로 되어 있지."

"공이 저기 맞고 골인되기도 하고, 튕겨 나오기도 하는 거죠?"

"그렇지."

"아빠, 한번 던져보고 싶다니까요."

브라보가 거듭 조르자 아빠는 브라보를 달래면서 아까 비품실에서 가져온 공을 바비에게 건넸다.

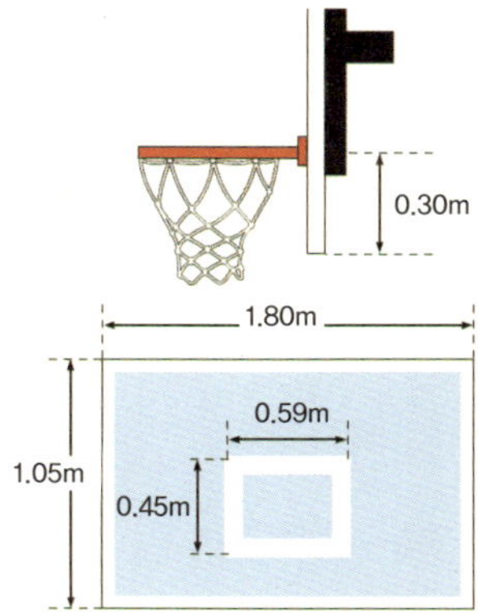

"조금만 기다려라. 자, 이번에는 농구공에 대해 설명하겠다. 바비야, 농구공에 대한 느낌을 말해보렴."

"공이 커요. 한 손으로는 못 잡겠어요."

"여러 가지 공을 태양계의 수성, 금성, 지구, 화성, 목성, 토성에 비교한다면 농구공은 목성 같아요. 공들 가운데 제일 큰 것 같아요."

"허허, 브라보가 재미있는 비교를 했구나. 그래, 각종 구기 종목에서 사용하는 공들 가운데 농구공이 가장 크다고 할 수 있단다. 하지만 농구공의 크기가 모두 똑같은 것은 아니란다. 초등학생용, 여자 경기용, 성인 남자 경기용 등 선수들에

따라 조금씩 크기에 차이가 있지. 남자 경기용은 공의 둘레가 75~76cm, 무게가 600~625g이란다."

"농구공이 제일 큰 공이었군요. 아빠 던져봐도 돼요?"

"그래, 한번 던져보렴."

아빠가 고개를 끄덕이자 바비는 바스켓을 향해서 힘껏 공을 던졌다. 하지만 공은 바스켓을 건드리지도 못하고 떨어지고 말았다.

"하하, 바비야. 넌 던져봤자 바스켓 근처에도 못 가네."

브라보가 큰 소리로 웃자 바비가 뿌루퉁하게 대꾸했다.

"오빠도 마찬가지일걸. 자, 오빠가 던져봐."

"잠깐, 브라보야, 넌 농구공을 보면서 생각나는 거 없니?"

"아, 맞다! 농구공은 모두 색깔이 똑같은 것 같아요. 축구공은 저마다 무늬가 다른데 농구공은 모두 똑같잖아요?"

"허허, 우리 브라보가 아주 예리한걸. 맞았다. 농구공에는 규정이 있기 때문이야. 농구공은 짙은 오렌지색이거나 엷은 갈색이어야 한단다. 그래서 모두 비슷하지."

"어? 이상해요."

"바비야, 뭐가 이상하니?"

"언젠가 텔레비전으로 여자 농구 중계를 봤는데, 농구공이 여러 색깔이었어요."

"여자 프로 농구에서는 경기가 화려해 보이도록 색깔이 있는 농구공을 사용하기도 한단다. 하지만 국제경기에서는 여자 선수들도 규격에 맞는 농구공을 사용하지."

"아빠, 축구공이나 배구공은 여러 조각을 붙여서 만들잖아요? 그런데 농구공은 그렇지 않은 것 같아요."

"우리 브라보가 제법이구나. 그렇다. 농구공은 여러 조각을 이어붙이지 않고 하나로 되어 있다. 그것도 다른 구기 종목의 공과 차이점이지."

브라보가 아빠에게 칭찬을 받자 바비가 새침한 표정으로 브라보에게 공을 건넸다.

"오빠, 슛 해보라니까."

"내가 슛도 못할 것 같아? 잘 봐."

브라보는 힘껏 점프하며 공을 던졌지만, 공은 역시 바스켓에도 가지 못하고 떨어졌다.

"호호, 그것 봐. 오빠도 어림없지?"

"쉽지 않은데? 아빠가 한번 해보세요."

아빠는 멋있게 드리블을 하면서 몇 차례 슛을 했다. 모두 골인이었다. 3점 라인에서 던져도 골인, 프리스로 라인에서 던져도 골인이었다.

“와아. 아빠 잘한다!”

“아빠, 어떻게 그렇게 잘하세요?”

“어음, 아빠는 만능이잖니? 아빠는 못하는 게 없단다.”

“아빠가 농구화를 신으셨으면 더 멋있게 슛을 하셨을 텐데…….”

“아참, 농구화 얘기를 안 했구나. 농구할 때는 농구화를 신는 것이 좋다. 잘 알겠지만 농구화는 발목을 덮어주고 바닥은 접지력이 좋게 만들어진 특수한 운동화란다.”

“접지력이 뭐죠?”

“농구는 점프 동작이 많은 종목이야. 농구화는 점프해서 내려올 때 미끄러지거나 넘어지는 것을 방지하기 위해 발바닥 전체가 마루에 닿을 수 있도록 만들어져 있단다. 신발 바닥이 마루에 편안하고 안전하게 닿을 수 있는 것을 접지력이 좋다고 하지.”

“점프해서 내려올 때 잘못하면 발목을 다치기 쉽잖아요? 그래서 농구화는 발목을 보호하게 되어 있는 거죠?”

“그렇다. 그래서 선수들에게 농구화는 아주 중요하단다. 그래서 세계적으로 유명한 농구화도 많지. 자, 준비!”

“네? 무슨 준비요?”

“이제부터 농구공 다루기 실전 연습이다!”

여기를 보세요!

농구화

운동화는 운동하기에 편리하도록 만들어진 신발이다. 요즘은 축구화, 농구화, 골프화, 조깅화, 육상화 등 스포츠 종목의 특성에 맞도록 설계된 기능성 운동화가 많이 나와 있다.

농구화는 농구를 위해 만들어진 기능성 운동화로, 100년 가까운 오랜 역사를 가지고 있다. 세계적으로 널리 알려진 대표적인 농구화로는 '컨버스'가 있다. 바닥이 평평하고 천으로 만들어져 특별해 보이지 않지만, 농구를 위한 기능성이 강조된 운동화로 출발한 브랜드다.

컨버스는 1917년 세계 최초로 기능성 농구화를 생산했는데 운동화 명칭은 '컨버스 올스타'였다. 다음 해, 척 테일러라는 유명한 농구 선수가 컨버스 농구화를 신어 널리 알려졌다. 1923년에는 이 선수의 이름을 붙여 '척 테일러 올스타 컨버스'라는 농구화를 내놓아 세계적으로 인기를 얻었다.

이 제품은 컨버스의 대표적인 제품이 되어 현재까지 전 세계에서 무려 10억 켤레 이상 팔렸다고 한다. 지금도 여전히 큰 인기를 끌고 있는 농구화이기 때문에 앞으로 얼마나 더 팔릴지 아무도 모른다. 숫자로 계산하면 전 세계에서 2~3초마다 한 켤레씩 팔리는 것이라고 한다.

1949년 미국 프로 농구 NBA가 출범하면서 선수들이 이 농구화를 신었으며 1984년 미국 로스앤젤레스 올림픽에서 미국 농구 대표팀도 이 '척 테일러 컨버스'를 신었다.

전설적인 농구 황제 마이클 조던도 대학 선수 시절에는 이 농구화를 신었는데, 1984년 NBA 시카고 불스에 입단하면서 '나이키'와 전속 계약을 맺었다. 나이키에서는 조던의 이름을 붙인 '에어 조던' 등 여러 종류의 농구화를 내놓아 큰 인기를 얻었다.

그밖에도 아디다스, 리복 등 스포츠 용품 업체마다 여러 가지 농구화를 내놓고 있다.

길거리 농구

아빠의 농구 제대로 알기 체험학습은 재미있었다. 브라보와 바비는 아빠가 가르쳐 주신 대로 열심히 농구 연습을 하고 있었고, 아빠는 벤치에 앉아 잠시 쉬고 있었다. 한쪽 코트에서 땀 흘리며 농구를 하던 고등학생 1명이 아빠에게 다가왔다.

"아저씨, 농구를 잘하시던데. 저희하고 농구할 수 있으세요?"

"내가 너희들하고……?"

"네, 3 대 3 농구를 하고 있었는데, 1명이 바쁜 일이 있어서 먼저 갔거든요."

"그래서 1명이 모자란다는 얘기지?"

"네, 도와주세요."

“어떻게 할까……. 좋아, 한번 해보자.”

아빠는 기분 좋게 승낙을 하고, 학생들과 함께 농구를 하기 시작했다. 브라보와 바비는 그 모습을 구경했다.

아빠는 정말 농구를 잘했다. 고등학생들에게 조금도 뒤지지 않았다. 한참 경기를 보던 브라보와 바비는 이상한 점을 발견했다.

“오빠, 농구는 한 팀이 5명씩인데 지금은 왜 3명씩이지?”

“그래, 그것도 이상하고 농구 코트를 반쪽만 사용하는 것도 이상해.”

“사람이 모자라서 그럴까?”

“글쎄.”

아빠는 학생들과 어울려 30분쯤 농구를 하더니 코트 밖으로 나와 털썩 주저앉았다. 브라보와 바비는 박수로 아빠를 격려했다.

"휴우, 힘들다. 나도 이제 나이가 들었나 보다. 학생들을 당해낼 수가 없어."

아빠는 땀을 뻘뻘 흘리며 가쁜 숨을 몰아쉬었다. 학생들이 다가와 아빠에게 고맙다는 인사를 하고 돌아갔다.

바비가 먼저 아빠에게 질문했다.

"아빠, 농구는 한 팀이 5명이잖아요?"

"그렇다."

"그런데 왜 3명씩 하는 거죠?"

브라보도 불쑥 끼어들었다.

"코트는 왜 반쪽만 쓰는 거예요? 사람이 적어서 그랬나요?"

"아빠가 조금 전에 학생들하고 했던 농구는 3 대 3 농구라고 하는 거야. 보통 길거리 농구라고 하지."

"길거리 농구요?"

"그래, 길거리 농구Street Basketball도 이제는 당당한 구기 종목의 하나지. 미국에서 시작됐는데 흑인 청소년들이 골목에서 간단한 농구대를 만들어 놓고 농구를 즐기는 데서 출발했단다."

"우리 동네에서도 가끔 볼 수 있어요. 저는 그냥 농구 놀이를 하는 줄 알았는데…….”

아빠는 브라보의 말에 고개를 끄덕였다.

“물론 농구를 즐기기 위한 간이식 농구라고 할 수 있어. 주택가 골목이나 빈터에서는 제대로 된 농구 코트를 만들기 힘드니까, 농구대 하나만 세워놓고 반쪽 코트만 이용해서 농구를 하는 거지.”

“그런데 어떻게 정식 종목이 됐죠?”

“길거리 농구가 어느덧 전 세계로 퍼져나가 많은 청소년들이 즐기게 되니까, 차츰 규칙이나 규정이 만들어지기 시작했단다.”

“정식 농구와 많이 달라요?”

“아무래도 차이가 있지. 길거리 농구는 우선 농구대 높이가 정식 농구보다 10cm 정도 낮아. 농구대는 하나만 사용하고 반쪽만 쓰는 코트의 크기도 정식 농구장 반쪽보다 좁단다. 슈팅도 보통 슛은 1점이고, 멀리서 던진 게 성공하면 2점이지.”

“정식 농구와는 차이가 많구나.”

“게임 시간에도 차이가 있고, 규칙에도 여러 가지 차이가 있지. 동네 빈터에서 청소년들이 손쉽게 농구를 즐기는 데서 시작된 거니까.”

“정식으로 하는 길거리 농구 대회도 있나요?”

"암, 있고말고. 지난 2005년에는 세계길거리농구 대회도 열렸었단다. '나이키길거리농구 대회'라는 이 세계 대회는 미국 올랜도에 있는 디즈니랜드에서 열렸는데, 세계 24개국에서 무려 3,700개 팀이 참가했지."

"와아. 대단하네요."

"그 가운데 고등학생 팀이 1,000팀이었다."

"우리나라도 참가했나요?"

"물론이지. '액션'이라는 고등학생 팀이 결승까지 올라갔단다."

"정말요?"

브라보와 바비는 처음 듣는 이야기에 눈을 동그랗게 뜨고 아빠를 바라봤다.

"그럼! 결승전에서 아깝게 패해 준우승에 그쳤지만 대단한 실력이었어."

"아까 그 고등학생 오빠들도 잘하던데요."

"그러니까 아빠가 이렇게 지쳤지."

아빠의 얘기를 듣고 있던 브라보가 갑자기 생각난 듯 아빠에게 질문을 했다.

"아빠, 배구 말이에요. 정식 배구에서 2명이 한 팀을 이뤄 모래사장에서 경기하는 비치발리볼이 나왔잖아요?"

"맞아. 비치발리볼이 올림픽이나 아시안게임에서 정식 종목으로 채택되기도 했지."

"비치발리볼과 비슷하네요. 정식 농구에서 길거리 농구가 나왔고, 많은 나라들이 즐기다 보면 언젠가 올림픽 종목이 될 수도 있겠네요?"

"그렇게 되면 우리나라가 메달을 딸 수도 있겠네요?"

"암, 그렇고말고. 자, 이제 질문 그만하자. 아빠는 지금 온몸이 쑤셔서 일어서지도 못하겠다. 여기저기 파스를 붙여야겠는걸?"

"아빠가 너무 무리하셨어요, 어떻게 고등학생들을 당해내시겠어요?"

"아휴, 죽겠다. 아빠 좀 부축해다오."

"호호, 우리 아빠는 아무도 못 말려."

브라보와 바비가 웃으며 양쪽에서 아빠를 부축하자 아빠는 남매의 머리를 쓰다듬어 주었다. 셋은 웃으며 집으로 돌아갔다.

여기를 보세요!

농구 선수 신동파

신동파 선수를 알고 있는 사람은 거의 없다. 특히 어린이들은 대부분 신동파 선수가 누구인지 모를 것이다.

신동파申東坡 선수는 1960~1970년대 우리나라의 전설적인 농구 선수다. 휘문고등학교, 연세대학교, 중소기업은행에서 농구 선수로 맹활약했으며 농구 감독, 대한농구협회 부회장 등을 거쳐 지금은 농구 해설가로 활동하고 있다.

신동파 선수의 전성기인 1960년대에는 신동파라는 이름을 모르는 대한민국 국민이 없을 정도였다. 신동파 선수의 슈팅은 신기에 가까워 슛을 하면 백발백중이었다. 연습할 때도 슛을 100개 하면 99개가 골인될 정도로 슈팅이 정확하기로 유명했다.

신동파 선수에게는 많은 별명이 붙었는데, 우리나라에서 처음으로 '슈터' 라는 별칭을 얻었으며 '슛쟁이', '슈팅머신' 등 일일이 헤아릴 수도 없다. 신동파 선수 이후, 슈팅을 잘하는 선수가 나타나면 '제2의 신동파' 라고 불릴 정도였다. 신동파 선수의 키는 190cm로 그다지 큰 키는 아니지만 공을 다루는 실력이 뛰어났다. 신동파 선수는 특히 중거리슛이 뛰어났는데 슈팅을 하면 공이 림의 그물망도 안 건드리고 들어갈 정도로 정확했다.

신동파 선수는 국내에서는 물론이고 해외에서도 유명했다. 아시아 최고 스타였으며 특히 필리핀에서는 '농구 영웅'으로 불리며 우리나라에서보다 더 유명했다.

필리핀은 1960년대 아시아 농구의 강자로, 농구가 국기國技로 불릴 만큼 모든 국민들이 농구를 좋아했다.

당시 방콕에서 열린 제5회 아시아농구선수권대회에서 우리나라와 필리핀이 결승전에서 맞붙었다. 우리나라 국민들이 월드컵에 열광하는 것처럼 필리핀 국민들이 열광하는 가운데 결승전이 열렸다. 이 경기에서 신동파 선수는 마치 신들린 것처럼 눈부신 활약을 펼쳐 혼자 50점을 얻었다. 결과는 95대 86으로 우리나라가 우승했다.

필리핀 국민들은 아쉬워했지만 신동파 선수의 실력에 감탄을 금하지 못했다. 어디를 가거나 사람들이 모이면 화제는 온통 신동파 선수였다. 이때부터 신동파 선수는 필리핀에서 농구 영웅으로 불리게 되었다.

신동파 선수는 세월이 흘러도 변함없이 농구의 전설이자 신화로 불리고 있다. 농구 황제로 불리는 마이클 조던과 어깨를 나란히 할 만큼 필리핀 최고의 농구 스타였다. 필리핀에서 신동파 선수의 인기가 얼마나 대단했는가 하면 신동파라고 이름을 붙인 합승차지프니가 나오고, 신동파 선수의 이름을 내세운 상점들이 등장할 정도였다. 그뿐이 아니다. 필리핀의 수도 마닐라에서 두 시간 정도 떨어진 곳에 팍상한이라는 폭포가 있다. 팍상한 폭포는 세계 7대 절경 가운데 하나로 손꼽힐 만큼 경치가 뛰어나 지금도 세계 곳곳에서 많은 관광객이 찾아온다.

특히 이곳은 카누를 타고 세찬 물살을 거슬러 올라가는 래프팅이 유명하다. 급류를 거슬러 올라가는 작은 카누는 관광객 2명이 타고, 필리핀 사공 2명은 노를 젓는다. 급류를 거슬러 올라가는 일은 무척 힘들다. 물이 깊은 계곡이 있는가 하면 아주 낮은 계곡도 있고, 작은 바위들이 많아서 카누가 지나갈 수 없는 곳도 있다. 그럴 때는 사공들이 카누에서 내려 손으로 끌고 올라간다.

사공들이 땀을 뻘뻘 흘리며 노를 젓는 모습은 보기에 안쓰러울 정도다. 사공들이 노를 저을 때 힘들면 장단을 맞춰 '영차, 영차!' 하기 마련인데, 잘 들어보면 '신동파, 신동파!' 또는 '동파, 동파!' 하며 노를 젓는 것이다. 신동파라는 이름이 필리핀에서 워낙 유명한데다, 신동파 선수의 이름을 부르면 행운이 온다는 속설이 있어서 구령을 그렇게 붙였다 한다. 요즘도 그런 구령을 하는지는 모르겠으나 오래도록 그런 구령을 붙여왔다.

현재 신동파 씨는 나이가 60대 중반을 넘었지만 아직도 필리핀에서 인기가 많아서 큰 대회가 열릴 때면 귀빈으로 초청받아 시구를 하기도 한다.

102
바비야!
아빠
오셨는데
인사도
안 하니?
무슨 일이
있나?
바비야 왜 그러니?
오빠가
아주 못됐어.
브라보가?
왜?
농구하러
같이 가서
자기
혼자서만
……
설마, 브라보가
그랬을 리가.
정말이에요.
저만 쏙 빼놓고
다른 오빠들하고
농구해요.
브라보가
정말 그랬니?
그럼
아빠하고
같이 가보자.

통
통
주민 스포츠 센터
통
통
통
끼익
저것 봐요!
브라보!
왜 바비는 떼어놓고 너 혼자 농구하니?
중학생 형들이 같이 하자고 해서요. 바비는 잘 못한단 말이에요.
그럼 넌 그새 실력이 아주 좋아졌나 보구나?
많이 연습했거든요. 한번 보실래요?

투웅
타앗
팟
!
파앗
휘익
출렁

짝
짝
짝
바비야, 슈퍼마켓에 가서 음료수 좀 사다 줄래?
저는 심부름이나 하라는 거예요?
브라보가 농구에 소질이 있는 것 같아요.
아직 어려서 키가 좀 작지만 아주 잘하거든요.
브라보는 나에게 농구를 배웠으니 당연하지.
그럼 아저씨도 농구를 잘하시겠네요?
저희하고 같이 농구 한 게임 하실래요?
못할 이유가 없지. 긴장들 해야 할걸?

아빠, 패스 받으세요!
휘익
투웅
파앗
퉁
에이. 아빠
슛 솜씨는 별로네요.
뭐라고?
아직 몸이 덜 풀려서
그런 거야.
헉
헉

자, 이제 다시
시작해볼까?
타앗
팟
애들아, 좀 천천히 하자.
숨이 차서
못 따라가겠다.
퉁
파앗
퉁
흥, 아빠도 똑같아!
음료수는 나 혼자
다 마셔 버릴 거야!

2

농구의 규칙과 용어

타앗

아름다운 카일리 룰

미국 사우스다코타 주에 데스멧Des met이라는 작은 도시가 있다. 이 도시에 사는 카일리Cylie pastian는 농구를 무척 좋아하는 소녀다. 그런데 안타깝게도 초등학교 3학년 때 골육종이라는 악성 종양에 걸리고 말았다.

골육종이란 뼈에 종양이 생겨 뼈가 붓고 잘 부러져 운동은 말할 것도 없고 걷기조차 힘든 병이다. 골육종은 암의 한 종류이기 때문에 통증이 심할 뿐 아니라 폐암 등으로 전이되어 생명을 잃기 쉽다.

카일리는 오른쪽 다리뼈에서 골육종이 발견되었다. 병원에서는 카일리의 오른쪽 넓적다리뼈를 잘라내고 인공뼈로 연결하는 큰 수술을 했다. 의사들은 '수술 부위가 약하기 때문에 신체

접촉을 해서는 안 된다' 고 했다.

카일리는 제대로 걸을 수 없어서 휠체어를 타고 다녀야 했지만 변함없이 농구를 좋아했다. 자기 학교 농구팀인 불독스에도 열심히 나갔다. 직접 농구를 할 수는 없었지만 벤치에 앉아서 다른 선수들의 경기를 기록하는 임무를 맡았다.

2년 뒤 카일리가 5학년이 되었을 때, 병에서 많이 회복되어 휠체어 없이 걸을 수 있게 되었다. 카일리는 친구들과 함께 뛰면서 농구를 하고 싶었지만 그럴 수가 없었다. 농구는 서로 몸이 부딪치는 일이 많은 경기이기 때문이다. 뼈가 약한 그녀에게 신체 접촉이 많은 농구는 위험했다. 그녀는 눈물을 머금고 벤치에 앉아서 친구들이 펼치는 경기를 기록할 수밖에 없었다.

불독스 팀의 친구들은 농구를 하지 못하는 카일리를 안타깝게 생각했다.

"정말 안됐어."

"카일리가 농구를 할 수 있게 도와주었으면 좋겠어."

"좋은 방법이 없을까?"

불독스 팀의 친구들은 곰곰이 생각해봤지만 뾰족한 방법이 없었다. 그때 한 친구가 좋은 생각이 떠올랐다는 듯이 큰 소리로 말했다.

"좋은 방법이 있다!"

"뭐야? 어서 말해봐."

"카일리에게 프리스로자유투를 맡기면 어떨까?"

"프리스로?"

"그래, 프리스로는 몸이 부딪치지 않잖아? 혼자서 공을 던지기만 하면 되니까."

"그래, 아주 좋은 생각이야."

불독스 팀 선수들은 일제히 환호성을 질렀다. 그런데 한 사람이 걱정스럽게 말했다.

"그런데 말이야, 프리스로는 파울을 당한 선수가 던지게 돼

있잖아? 카일리는 직접 경기를 뛰지 않기 때문에 파울을 얻을 수 없잖아."

맞는 얘기였다. 불독스 팀의 어린 선수들은 또다시 고민에 빠졌다. 하지만 좋은 생각이 떠오르지 않았다. 저마다 갖가지 궁리를 해보고 있을 때, 한 선수가 힘없이 말했다.

"아무리 생각해봐도 경기 규칙을 바꾸기 전에는 방법이 없는 것 같아."

"경기 규칙을 바꾸도록 건의해보면 어떨까? 불독스 팀의 자유투는 카일리가 던질 수 있게 해달라고 말이야."

불독스 팀의 선수들은 농구 관계자들에게 자초지종을 설명하고, 불독스 팀에서는 카일리가 자유투를 던질 수 있게 해달라고 요청했다. 농구 관계자들도 어린이들의 배려와 우정에 감동했다.

"나는 불독스 팀 어린이들의 우정에 정말 감동했습니다."

"나도 마찬가지입니다. 경기 규칙을 마음대로 고칠 수는 없는 것이지만, 화합과 우정이 바로 스포츠 정신 아니겠습니까?"

"그렇습니다. 경기 규칙도 스포츠 정신을 바탕으로 하는 것입니다. 경기 규칙 일부를 바꾸는 데 찬성합니다."

"저도 찬성입니다. 반드시 카일리가 아니더라도 '골육종을 치료 중인 선수는 파울을 당한 선수를 대신해서 자유투를 던질 수 있다' 이렇게 바꾸면 어떻겠습니까?"

"좋은 의견입니다. 찬성합니다."

이렇게 해서 탄생한 것이 카일리 룰Cylie Rule이다. 카일리는 이 소식을 듣고 처음에는 반대했다. 자기 때문에 불독스 팀이 경기에서 질 수도 있기 때문이다. 그러나 불독스 선수들을 비롯해 많은 사람이 권유하자 받아들였다. 자기뿐 아니라, 골육종에 걸렸다가 회복한 다른 선수들에게도 도움이 된다는 생각이었다.

카일리 룰이 만들어지고 나서 카일리는 벤치에 앉아 기록을 하다가 불독스 팀의 선수가 파울을 얻으면 코트에 나가 자유투를 던지고 다시 벤치로 돌아왔다. 자유투는 2개씩 던진다. 보통 두 번째 자유투가 골인되지 않고 림이나 백보드를 맞고 튀어 나오면 양 팀의 선수들은 서로 공을 잡으려고 치열하게 다툰다.

그러나 카일리가 자유투를 던질 때는 두 번째 공이라도 누구도 공을 잡으려고 나서지 않는다. 카일리와 부딪치지 않도록 하기 위해서다. 그냥 내버려 두는 대신 상대 팀에게 공격권을 준다.

카일리 룰이 만들어지고 얼마 뒤, 사우스다코타 주에서 5개 주 98개 팀이 참가하는 주 대항 농구 대회가 열렸다. 초등부에 불독스 팀도 참가했고 자유투를 얻을 때마다 카일리가 나섰다. 대회에 참가한 어느 팀도 여기에 이의를 제기하지 않았다.

카일리가 자유투를 던지면 양 팀 선수들은 공을 잡기 위해 다투는 대신 자리에 서서 아낌없는 박수를 보냈다.

아빠는 집에 돌아와서 브라보와 바비에게 카일리 룰에 얽힌 얘기를 들려주었다. 브라보와 바비는 넋을 잃고 얘기를 들었다.

아빠는 컴퓨터에서 뭔가 프린트 하시더니 브라보와 바비에게 한 장씩 나눠주었다.

"이게 뭐예요?"

"농구의 경기 규칙이다. 아까 스포츠센터에서는 기본적인 규칙들만 설명했다. 그것보다 좀 더 자세한 농구 규칙이지. 조금이라도 자세히 알아두는 것이 좋을 것 같아서 아빠가 미리 정리해 놓았단다."

"고맙습니다."

"여기 카일리 룰도 나오나요?"

"아니, 그렇진 않아. 카일리 룰은 미국의 사우스다코타 주에서만 쓰는 규칙으로 공식적인 경기 규칙은 아니기 때문이지. 공식적인 농구 규칙도 상황에 따라 차이가 있어. 아마추어 농구와 프로 농구 사이에도 차이가 있고, 유소년 농구와 성인 농구에도 차이가 있단다. 남녀 농구에도 규칙의 차이가 있고, 어린이 농구는 저학년1~4학년과 고학년5~6학년에도 차이가 있지."

"어떤 차이에요?"

"이를테면 코트의 크기, 농구대의 높이, 농구공의 크기, 경기 시간 등에 차이가 있지. 또 어린이 농구에서는 대개 3점슛이 없단다."

"어린이들은 멀리서 슛을 하기가 어려우니까……."

"그렇지. 지금 아빠가 너희들에게 나눠준 농구 규칙은 성인 프로 농구의 일반적인 규칙이니까 참고해서 살펴봐라. 공식적인 농구 규칙이라고 생각하면 된다."

브라보와 바비는 아빠가 정리해준 농구 규칙을 열심히 살펴봤다.

브라보의 미니 농구 교과서-1

경기방법

1. 경기 인원

■ 한 팀은 5명의 선수로 구성하며 7명의 교체 선수를 둘 수 있다. 따라서 한 팀의 구성 인원은 12명이다. 물론 코트에서 뛸 수 있는 선수는 한 팀에 5명이다.

■ 모든 선수는 유니폼의 앞면과 뒷면에 1번부터 99번까지 고유 번호를 달아야 한다. 0번과 00번도 가능하다.

■ 선수 교체는 경기가 일시 정지 되었을 때, 수시로 할 수 있다.

■ 심판은 주심과 부심 각 1명씩, 2명이 맡아 경기를 진행하고 기록원, 계시원 등이 심판을 돕는다.

2. 경기 시간

■ 각 피리어드('쿼터' 라고도 함) 10분씩 4피리어드로 나누어 경기를 진행하며 피리어드가 끝날 때마다 2분간 휴식 시간이 주어진다.

■ 1, 2피리어드를 전반전으로 3, 4피리어드를 후반전으로 나눠서 전반전과 후반전 사이에는 10분의 하프타임 휴식이 주어지고, 양 팀은 코트를 바꿔 경기를 진행한다.

■ 매 피리어드마다 각 팀은 한 차례씩 심판에게 작전타임을 요구할 수 있으며 작전타임 시간은 1분이다. 마지막 4피리어드에는 2번의 작전타임을 요구할 수 있다. 작전타임은 각 팀의 감독 또는 코치가 요구해야 하며, 공격권을 가진 팀이 요구할 수 있다.

■ 4피리어드까지 끝났을 때, 양 팀이 동점이면 5분간의 연장전을 갖는다. 연장전에서도 동점이면 승부가 결정될 때까지 5분씩 계속해서 연장전을 갖는다. 연장전 사이에는 2분간 휴식 시간이 주어진다. 연장전마다 각 팀은 한 차례씩 작전타임을 요구할 수 있다.

3. 경기 진행

■ 양 팀 선수 10명이 자기 위치에 따라 센터 서클 라인 밖에 선다. 공격 방향은 홈팀이냐 어웨이팀이냐에 따라 정해져 있다. 이어서 양 팀에서 1명씩 센터 라인으로 나오면 주심이 한가운데서 농구공을 높이 띄운다. 보통 각 팀에서 가장 키가 큰 선수가 나오게 된다. 두 선수가 점프해서 공을 차지한 팀부터 공격을 시작한다.

■ 득점은 프리스로(자유투) 1점, 필드골 2점, 3점 라인 밖에서의 득점은 3점으로 한다.

■ 심판은 경기를 원만하게 진행해야 하며, 선수들의 반칙 행위와 규칙 위반 행위가 일어나면 즉시 호루라기를 불어 경기를 정지시키고 정해진 심판 신호로 반칙이나 위반 행위의 내용을 알려야 한다. 심판은 위반 행위에 따라 벌칙을 주거나 상대 팀에게 공격권을 넘겨준다.

반칙과 규칙 위반

1. 퍼스널 파울

상대 팀 선수와 부당한 신체 접촉을 일으켰을 때 주어지는 벌칙으로 파이브 파울(5반칙)을 저지른 선수는 퇴장 당한다. 특히 상대편 선수가 슛 동작을 했을 때 파울을 하면 상대편 선수에게 2개의 자유투가 주어지고, 슛이 성공했어도 추가로 1개의 자유투가 주어진다. 상대편 선수가 3점 라인에서 슛을 시도하다가 파울로 방해를 받아 슛이 성공하지 못했다면 3개의 자유투가 주어진다. 개인 파울로는 다음과 같은 파울이 있다.

- 푸싱 – 상대방 선수를 밀었을 경우이다.
- 핸드 체킹 – 손으로 상대 선수의 신체를 치는 경우이다.
- 블로킹 – 상대방 선수의 진로를 부당한 접촉으로 방해하는 경우이다.
- 홀딩 – 상대방 선수를 손으로 잡는 경우이다.
- 차징 – 공격하는 선수가 수비하는 선수의 몸을 밀치는 경우이다.
- 트리핑 – 상대방 선수를 발로 차거나 건드리는 경우이다.
- 해킹 – 상대편 선수의 손이나 가슴 또는 다른 부위를 때리는 경우이다.

2. 테크니컬 파울

선수는 물론 감독, 코치, 스태프 등이 스포츠 정신에 위배되는 행위를 했을 때 주어지는 반칙이다. 고의적으로 경기를 지연시키거나 심판에게 지나치게 항의했을 때, 그리고 욕설을 퍼붓고 감정적인 행위를 했을 때 주어진다.

■ 위반한 사람에게 테크니컬 파울을 부여하고, 상대 팀에게 자유투 1개가 주어진다. 공격권은 파울이 부과될 때, 공을 소유하고 있던 팀에게 돌아간다.

3. 팀 파울

매 피리어드마다 한 팀의 파울이 4개를 넘으면 5번째 파울부터는 상대편에게 2개의 자유투가 주어진다.

4. 바이얼레이션

선수가 공을 다루다가 실수 또는 실책을 하거나 농구의 규칙을 위반했을 때 상대편에게 공격권을 넘겨주게 된다. 바이얼레이션은 파울 수에 포함되지 않는다. 상대편의 동작을 방해한 것이 아니라 개인이나 팀의 실책이기 때문이다. 바이얼레이션에는 다음과 같은 것들이 있다.

■ 더블 드리블 - 공을 가지고 두 번 이상 드리블을 하는 경우이다.

■ 트래블링 - 공을 가지고 드리블하지 않고 세 걸음 이상 걷는 경우이다.

■ 키킹 - 고의적으로 다리를 사용하여 공을 막거나 차는 경우이다.

■ 3초룰 - 공격하는 팀의 선수가 수비하는 팀의 제한구역 안에서 3초 이상 머물렀을 경우이다.

■ 5초룰 - 공을 들고 5초 이상 아무런 동작을 하지 않았을 때 주어진다. 예를 들면 상대편에게 밀착 수비를 당해 5초 이내에 패스나 슛, 드리블 등을 하지 못하는 경우이다.

- 8초룰 - 공격하는 팀이 8초 이내에 하프라인을 넘어 상대편의 진영으로 들어가지 못했을 때 주어진다.
- 24초룰 - 공격하는 팀이 24초 이내에 슛을 하지 못했을 때 주어진다.

"어때? 이해할 수 있겠니?"

"네, 아까 스포츠센터에서 설명해주신 것들이 많아서 거의 다 이해돼요."

브라보와 바비는 아빠가 정리한 농구 규칙들을 열심히 살펴봤다. 그렇게 어렵지는 않았다. 하지만 몇 가지 궁금한 것들이 있었다. 바비가 먼저 질문했다.

"아빠, 선수가 경기 중에 심판한테 말을 걸어도 돼요?"

"물론이지. 불필요한 얘기는 곤란하지만, 파울을 지적당했을 때 억울하다든지, 상대편 선수가 파울을 했는데 심판이 발견하지 못했을 때는 심판에게 항의할 수도 있다. 하지만 너무 시간을 끌거나 거칠게 항의하면 안 된단다."

"심판도 사람이니까 잘못 볼 때도 있는 거야. 그래서 오심도 경기의 일부라는 말이 있잖아? 야구에서 틀림없이 세이프인데 심판이 아웃으로 판정해서 항의하는 일도 있고, 지난 남아공 월드컵에서 핸들링이나 오프사이드를 심판이 그냥 지나쳐 크게 항의하는 소동도 있었잖아?"

브라보가 아는 척하면서 으스댔다. 바비도 가만있지 않았다.

"오빠, 그럼 내가 오빠한테 한 가지 물어볼까?"

"그래, 뭐든 물어봐."

"지난번에 아빠하고 농구장에 갔을 때 보니까 심판들도 옷에 번호가 있었거든. 그 번호는 무슨 번호야?"

"으응, 그거? 나도 보기는 봤는데 말이야……."

"호호, 그것 봐. 오빠도 모르는 게 있잖아?"

브라보가 당황하자 보고 있던 아빠가 나섰다.

"그건 내가 설명해주마. 바비가 본 것처럼 심판들도 등번호가 있단다. 하지만 큰 의미가 있는 것은 아니야. 심판의 이름까지 기억하기 어려우니까 편의상 붙여놓은 번호라고 생각하면 된단다."

"그럼 번호는 어떻게 정하는 거예요?"

"처음 심판들에게 번호를 붙일 때에는 심판들의 나이 순서로

정했다고 한다. 가장 나이가 많은 심판이 1번, 그 다음이 2번, 이런 순서였지. 그 다음부터는 나이에 상관없이 정식 심판이 되는 순서에 따라 차례대로 번호를 붙였다."

"아빠, 또 궁금한 게 있어요."

"뭐냐? 바비야."

"농구하다가 실수해서 자기편 골대에 골을 넣으면 어떻게 돼요?"

"허허, 그런 경우 상대편의 득점으로 인정된다."

"축구의 자책골과 같은 거야."

브라보가 바비에게 한마디 대꾸하고 나서 자신 있는 표정으로 아빠에게 말했다.

"아빠, 지금까지 농구에 대해서 많은 것을 알아봤잖아요? 이만큼 알면 이제 어린이 농구 박사라고 할 수 있겠죠?"

"허허, 아직 멀었다. 물론 농구에 대한 기본 지식이나 중요한 규칙, 용어 등은 대충 알아봤지. 하지만 농구는 비교적 좁은 경기장에서 많은 선수가 서로 부딪치기도 하고 빠르게 움직여야 하는 경기이기 때문에 세밀한 동작과 정교한 기술들이 많아. 따라서 농구 용어, 즉 농구에서 쓰이는 말은 대단히 많단다. 얼마나 많은지 '농구용어사전' 이라는 사전이 있을 정도지."

"휴우, 그것을 다 알아야 돼요?"

"그럴 필요는 없단다."

"농구 용어들은 모두 외국어잖아요?"

"스포츠 종목들이 거의 외국에서 생겨났기 때문에 당연히 대부분의 용어가 외국어일 수밖에 없단다. 아빠가 나눠준 종이 뒷장을 봐라."

"어? 여기 또 뭐가 있네?"

"농구에서 쓰이는 용어들이란다. 지금까지 우리가 알아본 것 외에, 자주 쓰이는 몇 가지 중요한 용어들을 간추려 놓았단다. 한번 찬찬히 읽어보고 궁금한 것이 있으면 질문하렴."

브라보의 미니 농구 교과서-2

농구 용어 정리

■ 오펜스

공격하는 여러 가지 행위를 말한다.

■ 오펜스 파울

공격자가 반칙을 저질렀을 때 주어지는 파울이다.

■ 디펜스

방어하는 여러 가지 행위를 말한다.

■ 존 디펜스

수비 팀의 선수 5명이 각자 지역을 분담하여 수비하는 전술을 말한다. 지역방어라고도 한다.

■ 맨투맨

수비 팀의 선수 5명이 공격 팀의 선수를 각자 1명씩 맡아서 수비하는 전술을 말한다. 대인방어라고도 한다.

■ 더블 파울

양 팀의 선수가 동시에 파울을 한 경우이다.

■ 인텐셔널 파울

고의로 저지른 파울을 말한다. 비신사적인 행위로 실격이나 퇴장 등 엄격한 벌칙이 주어진다.

■ 덩크슛

공을 림보다 높은 위치에서 내리꽂듯이 넣는 슛이다.

■ 드리블슛

공을 드리블하면서 점프해 슛하는 것이다.

■ 러닝슛

드리블슛과 비슷하다. 멈춰 선 동작에서 슛을 하는 것이 아니라 뛰어오면서 솟아올라 슛하는 것이다. 뛰어오면서 다른 선수의 패스를 받아 슛했을 때도 러닝슛이라 한다.

■ 레이업슛

림 가까이에서 공을 바스켓에 담듯이 가볍게 넣는 슛이다.

■ 롱슛

3점 라인(6.75m) 밖에서 던지는 슛이다.

■ 뱅크슛

의도적으로 공을 백보드에 맞추어 넣는 슛이다.

■ 훅슛

수비자를 등진 채 공을 든 한 손을 머리 위쪽으로 뻗어 반원을 그리듯이 던지는 슛을 말한다. 림과의 거리나 동작에 따라 베이비훅슛, 스카이훅슛 등이 있다.

■ 풀코트 프레스

공격하는 상대 팀에게 압박을 가하기 위해 코트 전체에서 펼치는 강력한 수비를 말한다.

■ 펌플

볼 처리가 불안정한 상태를 말한다. 공을 두 번 잡는다거나 떨어뜨릴 때 펌플이라고 한다.

■ **턴 오버**

공격하는 팀이 플레이 도중 실수나 실책으로 공을 상대 팀에게 빼앗겼을 때를 말한다.

■ **페이크**

상대를 속이는 동작이나 플레이를 말한다.

■ **포스트 플레이**

상대방 골대 가까이에 있는 키가 큰 선수에게 패스해서 슛을 시키거나 그의 패스를 받아 슛하는 플레이다.

■ **프리스로 라인**

프리스로할 때 선수들이 들어갈 수 없는 지역이다.

■ **피벗**

상대편에게 밀착 방어를 당할 때 공을 쥔 선수가 중심축이 되는 발은 바닥에서 떼지 않고 다른 발을 움직이며 방향을 바꾸는 동작을 말한다.

■ **비하인드 패스**

정확한 용어는 '비하인드 더 백패스'다. 공을 가진 선수가 앞을 막고 있는 상대 팀 수비를 피해, 자기 등 뒤로 패스하는 것을 말한다.

■ **에어볼**

슛한 공이 림에 닿지도 않고 떨어질 때를 일컫는다.

여기를 보세요!

심판의 동작

심판은 경기를 진행하면서 선수들이 반칙을 하거나 규칙을 위반했을 경우는 물론이고 경기의 시작과 끝을 비롯해서 경기 중에 일어나는 모든 행위를 규정에 있는 손동작으로 나타낸다. 이것을 핸드 시그널이라고 하며 수신호라고도 한다.

선수는 당연히 알고 있어야 하지만, 선수가 아니라도 알아두면 선수들이 어떤 파울이나 바이얼레이션을 했는지 알 수 있기 때문에 경기를 더욱 재미있게 볼 수 있다.

퍼스널 파울

오른쪽 주먹을 위로 올린다.

퍼스널 파울
(프리스로가 없을 때)

상대팀이 스로인으로 공격할 사이드 라인 지점을 가리킨다.

퍼스널 파울
(프리스로를 줄 때)

손가락 두 개로 프리스로 라인을 가리킨다.

테크니컬 파울

양손으로 T자를 만든다.

더블 파울

주먹을 쥐고 위로 올려 좌우로 흔든다.

인텐셔널 파울

오른손을 올리고 손목을 잡는다.

홀딩

파울 신호를 한 뒤 손목을 잡는다.

차징

파울 신호를 한 뒤 손바닥을 주먹으로 두드린다.

푸싱

파울 신호를 한 뒤 미는 흉내를 낸다.

반칙한 선수를 가리킬 때

손을 들어 선수의 번호를 손가락으로 표시한다.

트래블링

양손의 주먹을 회전시킨다.

더블 드리블

양손으로 드리블하는 흉내를 낸다.

프리스로
(자유투 1개일 때)

손가락 하나를 위로 올린다.

프리스로
(자유투 2개일 때)

손가락 2개를 펴서 올린다.

프리스로
(자유투 3개일 때)

손가락 3개를 펴서 올린다.

3점슛을 시도했을 때

손가락을 핀 채 한 손을 올린다.

3점슛이 성공했을 때

양 손가락을 펴서 올린다.

헬드볼

양손 주먹을 쥐고 엄지 손가락을 위로 올린다.

3

농구의 여러 가지 기술

SK
Knights
5

주니어 나이츠 농구 교실

브라보와 바비에게 기쁜 소식이 있었다. 그들이 사는 동네에 새로 주니어 나이츠 농구 교실이 열린다는 소식이었다. 가장 먼저 그 소식을 들은 바비가 집에 와서 브라보에게 같이 농구 교실에 참가하자는 말을 했고, 브라보가 엄마를 졸라서 같이 농구 교실 참가 신청을 했다.

"잘했구나."

아빠는 그 이야기를 듣고 기분 좋게 칭찬하면서도 당부의 말을 잊지 않았다.

"하려면 열심히 하렴."

"당연하죠."

"너희들이 농구를 통해서 꼭 배워야 할 게 있어."

"뭐죠? 아빠."

"기술을 배우는 것도 중요하지만 더 중요한 게 있거든. 그게 뭘까?"

브라보와 바비는 아빠의 질문에 고개를 갸웃해가며 고민하기 시작했다.

"에티켓, 예절?"

"극기 훈련?"

"그런 것도 중요하겠지만, 무엇보다 협동심과 책임감이 중요하단다. 솔직히 너희들, 협동심과 책임감이 부족하거든."

브라보가 입을 내밀고 뿌루퉁하게 대꾸했다.

"그래서 그렇게 잘했다고 하셨구나."

브라보의 표정을 본 아빠는 브라보의 머리를 쓰다듬으면서 달래듯 이야기했다.

"농구가 단체경기라는 것은 알고 있지? 서로 협동하고 자기가 맡은 책임을 다하지 못하면 이길 수 없단다."

"옳은 말씀!"

바비가 냉큼 아빠 말에 토를 달았다. 아빠는 바비에게 살짝 꿀밤을 먹였다.

"제발 까불지 말고."

"에이, 농구 교실 시작도 안 했는데 야단부터 맞네."

"어린이는 야단치고 꾸중하는 게 아니라 사랑으로 감싸주셔야죠."

브라보와 바비가 합심해서 아빠한테 대들자, 아빠는 그 모습이 귀여웠는지 크게 웃기 시작했다.

"허허허, 이 녀석들이 아빠한테 대드는구나."

농구 교실 신청 후 일주일이 지나자 농구 교실이 시작하는 날이 되었다. 생각보다 참가한 학생들이 많았다. 코치 선생님은 선수 시절에 뛰어난 실력으로 여러 번 상을 받기도 했던 유명인이었다.

코치 선생님은 아이들이 다 모이자 그 앞에서 이야기하기 시작했다.

"농구 교실을 통해서 농구의 기술을 완전히 익히기는 어렵습니다. 농구가 어떤 스포츠인지, 농구가 왜 재미있는지 알고 농구를 진심으로 즐길 수 있게 된다면 충분한 성과라고 생각합니다."

"저는 마이클 조던처럼 농구를 잘하고 싶은데요."

"하하하……."

브라보가 갑자기 엉뚱한 말을 하자 모두 크게 웃어댔다. 뒤쪽에 있던 아이는 브라보를 놀리는 말을 했다.

"너는 키가 작아서 안 돼."

하지만 코치 선생님은 오히려 브라보를 격려하며 용기를 북돋아 주었다.

"그런 의욕이 있어야 합니다. 마이클 조던도 학생 시절에는 키가 별로 크지 않았습니다. 저도 여러분과 같은 초등학생 때는 키가 크지 않았거든요. 농구를 하면서 키가 부쩍 자랐습니다."

"우와!"

앞줄에 있던 키 작은 아이들이 하나같이 함성을 질렀다.

"자, 그리고 또 하나! 이번 농구 교실에서 열심히 하는 사람을 뽑아서 농구팀을 만들 생각입니다."

"멋지다!"

"저도 꼭 하고 싶어요!"

모두 신바람이 나서 환호성을 질렀다.

"오늘은 첫 시간이니까 여기까지 하고, 농구 교실 일정표를 나눠 드리겠습니다. 집에 가서 잘 살펴보고 미리 준비하기 바랍니다. 다음 시간부터 본격적으로 농구 수업을 시작하겠습니다. 알았죠?"

"네!"

모두 우렁차게 대답했다. 집으로 돌아온 브라보와 바비는 농

주니어 나이츠 농구 교실 일정표

1. 농구의 역사와 특징
2. 볼 다루기
3. 패스
4. 볼 캐치(리시브)
5. 드리블
6. 발동작
7. 슈팅
8. 경기 방법, 규칙 알아보기

구 교실 일정표를 살펴보았다.

아빠도 관심이 많은지 집에 들어오자마자 농구 교실에 대해 물어봤다.

"너희들, 오늘 농구 교실 첫 시간이었지?"

"네, 맞아요. 아빠."

"브라보는 수업에 방해가 되는 행동 안 했겠지? 너는 오래 집중하지 못하는 게 문제거든."

"또 아빠로부터 오늘의 꾸중이 시작됐습니다……."

"꾸중 듣는다고 생각하지 말고 귀 기울여 들으렴. 좋은 약은 입에 쓰니까."

"지당하신 말씀!"

바비가 아빠 편을 들었다. 브라보와 바비는 농구 교실 일정표를 아빠에게 내밀었다.

"아빠가 이미 가르쳐 주신 것도 많아요."

"농구의 역사, 특징, 경기 방법, 규칙……. 이런 거는 벌써 아빠하고 공부했잖아요?"

"기본적인 동작들도 했구요."

"아빠하고 같이 배웠던 것은 정말 기본적인 것들이야. 모든 스포츠가 다 그렇지만 특히 농구는 기술이 아주 중요하거든. 농구 경기 봤잖니? 좁은 공간에서 빠르게 움직여야 하니까 민첩한 동작과 공을 다루는 세밀한 기술이 아주 중요해."

"이미 하셨던 얘기잖아요."

"우리 아빠의 특징은 녹음기라는 거야. 하신 말씀을 몇 번이고 되풀이하지. 무엇이든 열심히 해. 집중해, 집중!"

"브라보, 너 계속 까불래?"

아빠가 브라보에게 꿀밤을 한 대 먹였다. 바비가 슬쩍 얘기를 바꿨다.

"아빠, 농구공은 수박만큼 크기 때문에 제대로 다루기 어려울 것 같아요."

"당연하지. 그러니까 훌륭한 코치 선생님한테 열심히 배우렴."

"우리 아빠의 단골 메뉴를 말씀드리겠습니다. 바비에게는 열심히 해, 열심히! 나에게는 집중해, 집중!"

"이 녀석, 꿀밤 한 대 가지고는 안 되겠는데?"

"아빠, 이번 농구 교실에서 열심히 하는 사람을 뽑아서 농구팀 선수로 뽑는데요. 저는 꼭 우리 농구팀 선수가 될 거예요."

"허허, 이 녀석이 꿀밤을 피하려고 엉뚱한 소리를 해?"

"맞아요, 아빠. 정말 잘하는 사람들을 뽑아서 농구팀을 만든다고 하셨어요."

이번에는 바비가 브라보를 거들었다.

"어디 두고 볼까?"

"기대해주세요, 아빠."

브라보가 두 주먹을 불끈 쥐었다.

"좋아, 파이팅!"

아빠와 브라보, 바비는 힘차게 하이파이브를 했다.

농구 기술 손쉽게 익히기

농구공 다루기

농구 교실은 열기가 가득했다. 한결같이 농구를 열심히 배우겠다는 의욕이 넘쳐흘렀다. 미국 프로 농구팀의 유니폼과 같은 운동복을 입고 온 어린이들도 많았고, 대부분 농구화를 신고 있었다. 한 손에 농구공을 든 코치 선생님이 큰 소리로 말했다.

"농구의 기본이자 가장 중요한 세 가지 기술은 무엇일까요?"

"슈팅, 드리블, 패스입니다."

브라보가 자신 있게 대답했다. 코치 선생님이 대견하다는 표정으로 브라보를 바라보았다.

"맞았다. 잘 아는구나. 우리는 앞으로 이 세 가지 기술을 익혀 나갈 텐데, 이러한 농구의 기술보다 더 중요한 것이 있습니다.

뭘까요?"

"협동심과 책임감이요."

이번에는 바비가 먼저 대답했다.

"그 말도 맞지만 그건 나중에 다시 얘기하기로 하고, 우선 농구 기술과 관련된 것입니다."

아무도 선뜻 대답하지 못했다. 농구에서 슈팅, 드리블, 패스보다 더 중요한 것이 무엇일까? 모두 궁금한 표정으로 코치 선생님을 바라봤다.

"슈팅, 드리블, 패스……. 이러한 기술은 무엇으로 하는 건가요?"

"농구공이요!"

학생들이 앞다투어 대답했다.

"그렇죠. 바로 이 농구공을 가지고 해요. 그러한 기술들을 제대로 발휘하려면 농구공을 잘 다루어야겠죠?"

"네!"

"보다시피 농구공은 각종 구기 종목의 공 가운데서 가장 크고 무겁습니다."

"볼링공이 더 무거워요."

"물론 볼링공이 있지만 그건 개인 종목이지 단체로 하는 구기 종목이라고 할 수는 없죠. 자, 이 농구공 보세요. 공이 크고 무겁기 때문에 생각보다 다루기가 쉽지 않습니다. 곧 연습을 하겠지만 농구공을 멀리 던지기도 어렵고요. 공을 받을 때도 잘못 받으면 손가락이나 손목을 다치기 쉽습니다. 따라서 농구에서 가장 기본은 공을 잘 다루는 것입니다. 그러면 어떻게 해야 할까요?"

"농구공에 익숙해져야 합니다."

이번에도 브라보가 가장 먼저 대답했다.

"으음, 학생은 농구에 대해서 많이 알고 있는 것 같구나. 이름이 뭐지?"

"브라보입니다."

"브라보 얘기대로 농구공에 익숙해지려면 무엇보다 먼저 농구공과 친해져야 합니다. 잠시 쉬었다가 농구공 다루기 연습을 해보겠습니다."

코치 선생님은 사무실로 들어갔다. 그러자 화장실에 가려는 브라보를 6학년 학생 몇 명이 막아섰다. 하나같이 키가 크고 덩치도 좋았다.

"야, 너 계속해서 혼자 잘난 척할 거야?"

브라보는 순간 화가 났지만 농구에서는 협동심이 중요하다는 말이 생각났다. 나중에 한 팀으로 같이 뛰게 될지도 모르는데,

첫날부터 싸우는 건 좋지 못할 것 같았다.

"미안해. 기분 나빴다면 사과할게."

6학년 학생들은 브라보의 사과를 받고 돌아섰다. 뒤에서 바비가 그 모습을 지켜보고 있었다. 브라보가 화장실에서 돌아오자 바비가 슬쩍 브라보에게 다가갔다.

"난 오빠가 6학년 오빠들이랑 싸울 줄 알았어. 제법 어른스럽던데?"

쉬는 시간이 끝나고 다시 농구 수업이 시작됐다. 코치 선생님은 공을 여러 개 꺼내 와서 아이들에게 하나씩 나눠주었다. 아이들 중에는 농구공을 제대로 잡지 못하고 떨어트리는 사람도 있었다. 농구공은 정말 크고 무거웠다.

"자, 그럼 농구공 다루는 연습을 해보겠습니다. 공이 커서 한 손으로 잡기 어렵죠?"

"네, 한 손으로는 잡을 수 없어요."

"농구공은 기본적으로 두 손으로 잡아야 합니다. 두 손으로 잡는다고 하지만, 정확히 말하면 양손 열 개의 손가락으로 잡아야 합니다. 손가락으로 공의 감각을 익히는 것이 중요하고, 열 개의 손가락을 쫙 펴서 공을 잡고 받아야 합니다. 자, 모두 공을 열 손가락으로 잡아보세요."

"잡았어요."

"손가락에 너무 힘을 줘도 안 되고, 너무 힘없이 잡아도 안 됩니다. 브라보, 이리 나와보세요."

브라보는 영문도 모르고 공을 두 손으로 잡고 앞으로 나왔다.

"자, 브라보가 공을 두 손으로 잡고 있는데요. 제대로 잡았을까요? 잘못 잡았을까요?"

모두 잘 모르겠다는 표정으로 고개를 갸우뚱거리고 있을 때, 6학년 학생 1명이 입을 열었다.

"잘못 잡은 것 같아요."

"뭐가 문제인 것 같나요?"

"두 손을 너무 가깝게 잡았어요."

"네, 아주 잘 봤습니다. 공을 잡은 양손의 엄지손가락 사이가 이렇게 좁으면 공을 떨어뜨리기 쉽고, 너무 넓으면 공을 다루기가 어렵습니다. 양손의 엄지손가락 사이는 7cm 정도가 적당합니다."

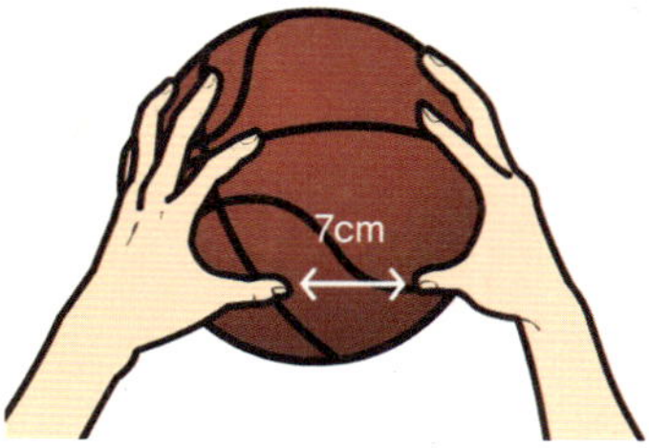

코치 선생님 말이 맞았다. 브라보는 양손을 바짝 붙인 채 공을 떨어뜨리지 않으려고 애쓰고 있었다.

"자, 다음은 공을 머리 위로 높이 던졌다가 받아보세요."

저마다 열심히 공을 머리 위로 던지고 받았다. 공을 떨어뜨리는 학생도 있고, 공이 머리에 떨어지는 학생도 있었다. 한 손으로 공을 머리 위로 던지는 학생도 있었다.

"반드시 두 손으로 던지고 두 손으로 받으세요. 받을 때도 손가락 열 개를 다 펴고 손가락으로 받으라고 했죠? 위로 던져 올릴 때는 양손 엄지손가락으로 밀어주는 느낌이 들도록 해보세요. 손목을 잘 사용해야 합니다."

아주 쉬울 것 같았는데 생각처럼 쉽지 않았다. 하지만 무척 재미있었다. 이어서 머리 앞뒤로 공을 돌리는 연습을 했다. 수박만큼 큰 농구공을 머리 앞뒤로 돌리기는 어려웠다.

"두 손으로 공을 잡고 돌리기 어렵죠? 두 손과 한 손을 번갈아 사용해야 합니다. 이마에 왔을 때는 두 손, 돌릴 때는 한 손, 뒤통수에 갔을 때는 다시 두 손, 돌릴 때는 한 손……. 자, 해보세요."

그와 같은 요령으로 허리 앞뒤로 공을 돌리는 연습도 했다. 역시 마음처럼 쉽게 되지는 않았지만, 점점 더 재미있어졌다. 바비는 자꾸 공을 떨어뜨리며 난감해했지만, 브라보는 다른 학생들보다 훨씬 잘했다.

"이번에는 조금 어려운 동작을 해보겠습니다. 양다리를 벌리고 몸을 숙여보세요. 그리고 먼저 왼쪽 다리 무릎 아래로 공을 돌려보세요. 요령은 머리, 허리에 공을 돌릴 때와 같습니다. 두 손과 한 손을 번갈아 사용해야 합니다."

이 동작은 훨씬 힘들었다. 공이 자꾸 마룻바닥에 닿았다. 코치 선생님은 이리저리 다니시며 공이 바닥에 닿지 않도록 하라고 주의를 주었다.

"다음은 오른쪽 다리로 바꿔서 해보세요. 몸의 중심은 공을 돌리는 발에 두어야 합니다."

브라보는 신바람이 났다. 농구 교실에 정말 잘 들어왔다고 생각하며 누구보다 열심히 연습했다.

"자, 이번에는 지금 그 동작에서 공을 바닥에 바운드시키면서 돌려보세요. 바운드가 뭔지 알죠?"

"공을 바닥에 튕기는 거요."

누군가가 대답했다. 동작이 점점 더 어려워졌다. 그러나 한 사람도 불평하지 않고 땀을 뻘뻘 흘리며 연습에 몰두했다. 모두 나중에 농구팀 선수로 뽑히고 싶은 모양이었다.

"연습을 많이 해서 농구공에 익숙해져야 합니다. 집에 가서도 연습해보세요. 농구공이 없으면 축구공이나 풍선을 가지고 연습해도 괜찮습니다."

코치 선생님의 말대로 브라보와 바비는 집에 와서도 연습을 계속했다. 브라보는 축구공으로, 바비는 풍선을 가지고 연습했다. 공 잡기, 공 던지고 받기, 공을 머리와 허리에서 돌리기, 다리 사이로 공 돌리기 등을 연습했다.

"어허, 정말 농구 선수 되려고 그러냐?"

아빠가 그 모습을 보시더니 혀를 찼다.

"애들아, 밥 먹고 해라. 농구 선수도 제때 밥을 먹어야 하는 거야."

브라보는 밤에 꿈을 꾸었다. 아빠와 함께 관람했던 농구 경기의 SK나이츠 선수들처럼 하늘 높이 점프하며 슛을 하는 꿈이었다.

그런데 브라보와 바비는 너무 무리했는지 아침에 엄마가 아무리 깨워도 제시간에 일어나지 못했다. 엄마가 걱정스럽게 아빠에게 물었다.

"저러다가 병나는 거 아니에요?"

"너무 염려 말아요. 연습 첫날이라 그래요. 익숙해지면 괜찮을 거예요."

"하지만 너무 무리하는 거 아닐까요? 정말 농구 선수가 되려나 봐요."

"허허, 브라보는 좀 산만한 것이 문제였는데 농구 연습하면서 집중력만 키워도 큰 성공이잖소? 꼭 농구 선수가 안 되면 어떻소?"

패스와 리시브

다음 시간은 '농구공 주고받기' 였다.

"공을 다른 사람에게 보내는 것을 패스, 패스된 공을 받는 것을 리시브라고 합니다. 리시브는 볼 캐치라고도 하죠. 이미 얘기했지만 패스는 농구에서 중요한 기본 기술의 하나입니다."

코치 선생님은 연습에 앞서 패스에 대해 여러 가지 설명을 했다.

"농구 경기는 슛을 해서 득점을 올려야 합니다. 하지만 상대편 선수들은 우리 편이 슛을 하지 못하도록 철저하게 방어를 합니다. 따라서 그 방어를 피해 슛을 하려면 우리 편 선수끼리 패스를 하지 않으면 안 됩니다. 패스를 통해 빈틈을 찾아 슛을 하는 거지요."

"축구도 패스가 아주 중요하잖아요?"

"물론이죠. 축구에서도 슈팅 기회를 만들려면 패스가 정확해

야 하잖아요? 농구도 마찬가지입니다. 패스가 빠르고 정확해야 합니다. 패스는 가만히 서서 주고받기도 하지만, 대부분 패스하는 사람이나 받는 사람이나 움직이는 상태에서 주고받게 됩니다. 또 상대편의 방어를 피해서 정확하게 우리 편이 받도록 패스해야 합니다."

"패스를 잘못하면 상대편에게 가로채기 당해요."

브라보가 또 끼어들어 한마디 했다. 브라보를 못마땅하게 생각하던 6학년 학생들이 얼굴을 찡그렸다.

"패스를 가로채는 것을 인터셉트라고 하는데, 가로채기를 당하면 상대편에게 기습 공격할 기회를 주게 됩니다. 우리 편은 기회를 잃고 상대편에게는 기회를 주니 이중으로 손해죠."

코치 선생님은 패스할 때 주의해야 할 사항들을 적어놓은 종이를 나눠주며 잘 알아두라고 했다.

패스할 때 알아둘 것

- 공의 속도와 거리를 판단해야 한다.
- 방어하는 상대편의 움직임을 잘 살펴야 한다.
- 어떤 방법으로 패스할 것인가를 재빨리 판단해야 한다.
- 패스를 받을 우리 편도 움직이거나 뛰면서 공을 받는다는 점을 계산해야 한다.
- 우리 편이 상대 진영을 향해 움직이기 좋도록 패스해야 한다.

코치 선생님은 남자는 남자끼리, 여자는 여자끼리 두 사람씩 짝을 지어주었다. 패스 연습을 위해서였다. 그런데 공교롭게도 브라보의 짝은 브라보를 못마땅하게 생각하는 6학년 학생이었다.

"서로 5m 정도 떨어져서 공을 주고받아 보세요. 공은 두 손으로 던지고, 받는 것도 두 손으로 받아야 합니다. 공 받는 요령은 지난 시간에 얘기했죠? 손바닥으로 받는 것이 아니라, 열 손가락으로 받는 느낌이 들도록 하고, 패스할 때는 손목과 두 엄지손가락을 이용해서 공을 밀어내듯이 던져야 합니다."

코치 선생님이 열심히 설명해주었지만, 뜻대로 되지 않았다. 공을 받기도 쉽지 않았지만 패스하기는 더 힘들었다. 힘껏 패스하면 너무 높이 날아가고 약하게 패스하면 거리가 모자랐다.

"패스할 때는 패스를 받는 사람이 가슴 높이에서 받을 수 있도록 해야 합니다."

브라보는 땀을 뻘뻘 흘리며 같이 연습하는 6학년 학생에게 똑바로 패스하려고 노력했다. 그런데 6학년 학생은 브라보를 골탕 먹이려는 듯, 일부러 강하게 던졌다, 약하게 던졌다, 높이 던졌다, 낮게 던졌다 하며 브라보를 힘들게 했다.

"그것도 못 받아?"

6학년 학생이 싱글싱글 웃으며 브라보를 놀려댔다. 브라보는 결국 화가 나서 더 참지 못하고 같이 공을 마구 던져댔다. 코치 선생님이 그런 모습을 보고 둘을 불러냈다.

"너희들, 그만하고 이리 와봐라."

코치 선생님이 두 사람을 세워놓고 얘기하기 시작했다.

"너희들은 왜 연습은 안 하고 장난치는 거냐? 다른 사람들은 열심히 하는데 장난이나 치려면 다음 시간부터 농구 교실에 나오지 마라."

"장난하는 게 아니고요. 재가 공을 잘 못 받아서 그렇게 됐어요."

6학년 형이 거짓말을 했다. 브라보는 억울했지만 꾹 참기로

했다. 그리고 머리를 숙이며 겸손하게 말했다.

"형 말이 맞아요. 제가 패스를 잘 못하고 제대로 받지도 못해서 그렇게 됐어요."

"그러면 두 사람이 간격을 좁혀서 다시 연습해봐라."

코치 선생님은 더는 꾸중하지 않고 다시 연습을 하도록 지시했다.

"너, 이름이 브라보라고 했지?"

시비를 걸었던 6학년 학생이 코치 선생님의 눈치를 보더니 브라보에게 말을 걸었다.

"응."

"난 지환이야. 너 보기보다 괜찮은 애구나?"

"고마워, 같이 잘해보자."

그때부터 지환이는 장난치지 않고 열심히 연습했다. 지환이는 실력도 뛰어났다.

"형은 진짜 잘한다."

"나는 중학생 형들하고 자주 길거리 농구를 하거든. 너도 곧 잘 하는걸."

"형, 우리 열심히 해서 선수로 뽑히자."

"알았어. 자, 패스한다. 받아라."

브라보와 지환은 손발이 잘 맞았다. 서로 칭찬을 해주니까 훨씬 쉽게 연습이 되는 것 같았다.

두 사람이 마주 보고 서서 공을 주고받는 패스 연습이 어느 정도 익숙해지자, 코치 선생님은 패스하는 방법들을 좀 더 자세하게 설명해주었다.

"지금까지 여러분이 한 패스는 직선 패스입니다. 공을 직선으로 패스하는 거죠. 그런데 직선 패스하기에는 거리가 멀거나, 상대편 선수가 가로챌 위험이 있을 때는 어떻게 해야 할까요?"

"점프해서 던져야 해요."

"상대편 머리 위로 던져야 해요."

"상대편 선수 아래로 낮게 패스해요."

저마다 한마디씩 대답했다.

"네, 모두 맞습니다. 가로막는 상대편을 피하거나, 멀리 패스하려면 공이 포물선을 그리며 날아가게 패스를 해야겠죠. 그런 패스를 곡선 패스라고 합니다. 또 상대편 선수가 아주 가까이에서 방어할 때, 상대편의 허리 아래로 패스하는 것을 바운드 패스라고 합니다. 공을 바운드시켜 패스하는 거죠. 자, 연습해볼까요?"

브라보는 이번에는 일부러 바비를 짝으로 정해 곡선 패스, 바운드 패스를 연습하려고 했다. 하지만 바비가 어쩐지 의욕이 없어 보였다. 브라보는 걱정스러워 바비에게 물었다.

“바비야, 너 어디 아파?”

“아니.”

“그런데 왜 그렇게 힘이 없어?”

“오빠, 나도 농구를 제대로 하고 싶은데, 잘 안 돼.”

“뭐가 잘 안 된다는 거야?”

“코치 선생님의 말씀을 따라가기 어렵고, 공도 마음대로 다루지 못하겠어.”

“저녁때 아빠한테 말씀드려보자.”

코치 선생님은 연습이 끝날 무렵, 또 인쇄물을 나눠주시며 집에서 잘 살펴보라고 했다. 내용은 ‘패스의 종류’ 였다.

브라보의 미니 농구 교과서-3

패스의 종류

패스는 공을 주고받는 사람이 멈춰 서 있거나, 움직이거나, 점프한 상태에서 이루어진다. 따라서 상황에 맞게 공을 주고받는 여러 종류의 패스가 있다. 패스는 종류에 따라 두 손 또는 한 손을 사용한다.

1. 체스트 패스

가장 기본적인 패스로 양손을 사용하는 패스다. 따라서 빠르고 정확하게 패스할 수 있다. 그 대신 멀리 패스하기 어려워 짧은 거리나 중거리 패스할 때 사용한다. 가슴 높이에서 패스를 주고받기 때문에 체스트 패스라고 한다. 두 엄지손가락으로 공을 밀어내듯이 패스한다. 공을 보내는 순간, 손목이 바깥을 향하도록 손목(스냅)을 사용한다.

2. 점프 패스

상대편 수비수들이 가로막고 있을 때, 점프하면서 수비수들의 머리 위로 우리 편에게 공을 보내는 패스이다. 경기할 때 많이 사용하는 패스 가운데 한 가지다.

3. 오버헤드 패스

공을 머리 위로 던져주는 패스다. 역시 상대편 선수가 앞을 가로막고 있을 때, 상대편 선수 머리를 넘겨 우리 편에게 패스하는 곡선 패스이다. 가로채기 당하지 않도록 공을 패스하는 높이와 속도가 중요하다.

그 자리에 서서 패스할 수도 있고, 달리면서 할 수도 있으며, 점프해서 패스할 수도 있다. 그럴 경우는 점프 패스와 비슷하다. 이 경우 점프 오버헤드 패스라고 한다.

4. 바운드 패스

농구에서 많이 쓰이는 패스 방법 가운데 하나다. 우리 편 사이에 상대편이 없으면 먼 거리에서도 바운드 패스를 할 수 있으나, 보통 상대편이 가까이에서 방어하고 있을 때 상대편의 팔 아래, 또는 무릎 아래로 재빨리 바운드시켜 우리 편에게 패스할 때 쓰인다.

자세를 방어하는 상대편 선수보다 낮추고 우리 편과의 거리에서 약 3분의 2 정도 되는 지점에 바운드 시켜 패스하는 것이 안전하다.

5. 비하인드 패스

공을 가진 사람이 자신의 등이나 허리 뒤로 패스하는 기술로 보통 비하인드 패스라고 하지만, 정확한 표현으로는 '비하인드 더 백패스'이다. 앞을 가로막고 있는 상대편을 혼란스럽게 하고 순식간에 슈팅 기회를 얻어내는 효과적인 패스지만, 초보자에게는 어려운 고난도 기술이다. 정확하지 않으면 상대편에게 공을 빼앗기기 쉽다.

6. 훅 패스

공을 드리블하면서 빠르게 공격할 때, 상대편이 옆으로 접근할 경우 점프하며 상대편 너머에 있는 우리 편에게 짧게 패스하는 기술이다. 대개 한 손을 사용하며, 팔이 굽어진 상태에서 갈고리 모양으로 패스하기 때문에 훅 패스라고 한다. 보통 점프한 상태에서 패스하는 경우가 많아 몸의 균형을 잡는 것이 중요하다. 또한 정확성에 유의해야 한다. 역시 초보자에게는 쉽지 않은 기술이다.

7. 사이드 패스

한 손으로 패스하는 원 핸드 패스이다. 패스하는 방법은 여러 가지가 있지만 '베이스볼 패스'와 '푸시 패스'로 나눠볼 수 있다.

베이스볼 패스는 야구선수가 공을 던지는 것처럼 한 손으로 공을 멀리 던질 때 주로 사용한다.

푸시 패스는 상대편의 방어를 피해서 우리 편에게 패스할 때 공을 한 손으로 밀어서 던지듯 보내는 방법이다. 패스하는 방향에 따라 오른손, 왼손을 사용해야 하고 손목(스냅)을 잘 사용해야 한다.

아빠는 집에 돌아오자, 브라보와 바비에게 농구 교실에서 무엇을 배웠는지 물었다. 브라보가 패스에 대해서 말하고 바비 얘기를 꺼냈다.

"아빠, 바비는 직접 농구하는 것이 잘 맞지 않는 것 같아요."

아빠는 브라보의 이야기를 듣고 깜짝 놀라서 바비를 바라보았다.

"바비야, 정말 그러니?"

"네. 농구 경기를 보는 것은 정말 재미있는데, 제가 직접 농구를 배우려니까 너무 힘들어요. 아무래도 저는 농구에 소질이 없는 것 같아요."

바비가 시무룩한 표정으로 말을 이었다.

"아빠는 무엇이든 결심을 했으면 열심히 하라고 하셨는데……."

"괜찮아, 실망할 것 없어. 자기 적성에 맞지 않는 것을 억지로 할 필요는 없단다. 빨리 자기 적성을 찾는 것도 중요해."

"그렇죠? 아빠."

"김연아 선수가 피겨스케이팅을 하는 모습이 매우 멋있어서 많은 어린이들이 피겨를 배우지만 모두 김연아 선수처럼 되는 것은 아니잖아? 피겨를 배우다가 소질이 부족한 것 같고 자기 적성에 안 맞는 것 같으면 오래 미련 가지지 말고 적성에 맞는 다른 것을 찾는 것이 낫지 않겠니?"

아빠의 격려에 바비의 표정이 밝아졌다.

"아빠, 화나신 거 아니죠?"

"허허허, 내가 왜 화가 나니? 영화를 좋아한다고 해서 꼭 영화배우가 되어야 하는 것은 아니잖니? 오케스트라 지휘자가 멋있다고 모두 지휘자가 될 수는 없지."

"아빠의 말씀은 모두 옳도다!"

브라보가 요란스럽게 맞장구를 치자 바비가 눈을 흘겼다.

"오빠는 좀 빠져주었으면 좋겠어."

아빠는 허허 웃더니 브라보와 바비를 양옆에 앉히고 얘기했다.

"브라보야, 적성이 무엇인지 말해보렴."

"자기가 좋아하는 거지요."

"그렇지. 자기가 좋아하는 것이 적성에 맞는 거야. 학교에서 배우는 과목 가운데도 자기가 더 좋아하는 과목이 있잖아? 어떤 학생은 국어가 제일 재미있고, 어떤 학생은 과학을 제일 좋아하잖아?"

"맞아요. 아빠."

"보는 것과 하는 것은 다르단다. 축구 보는 것을 좋아한다고 직접 축구하는 것도 좋다고 말할 수는 없는 거야. 자기가 정말 좋아서 열심히 하는 것이 적성에 맞는 거란다."

"바비는 농구 보는 것은 좋아하지만 농구하는 것은 적성에 맞지 않는 것 같다는 아빠의 말씀!"

"브라보, 너 까불지 말라고 했지?"

"그것도 옳은 말씀!"

아빠에게 계속 농담을 하던 브라보와, 브라보를 한 대 쥐어박는 시늉을 하던 아빠는 결국 크게 웃음을 터트렸다. 바비는 어깨를 움츠리고 여전히 주눅 든 목소리로 말했다.

"그런데, 아빠. 저는 아직 뭐가 적성에 맞는지 모르겠어요."

"자기 적성을 찾는 시기는 사람마다 다 다르단다. 너무 조급해하지 않아도 괜찮아."

"헤헤, 너는 게임기 가지고 게임하는 거 좋아하잖아?"

"오빠, 자꾸 놀릴 거야?"

바비가 브라보의 말에 발끈하자 아빠가 재빨리 바비를 달랬다.

"사실, 아빠나 엄마도 아직 우리 바비가 무엇이 적성에 맞는지 찾아내지 못했단다. 이제부터 아빠, 엄마도 노력할 테니까, 바비도 같이 노력해보자."

아빠의 듬직한 말에 바비가 배시시 웃음을 지었다.

"알았어요. 열심히 노력할게요."

"바비한테 농구는 적성에 안 맞지만 무엇인가 남보다 뛰어난 점이 틀림없이 있을 거다. 그것을 빨리 찾아보자."

"오빠는 꼭 농구 선수가 되어야 해. 내가 열심히 응원할 테니까."

"헤헤, 바비는 치어리더가 적성에 맞을지도 몰라……."

"어휴, 오빠는 정말 아무도 못 말려."

다음 주, 농구 교실 수업 시간 전에 바비는 코치 선생님을 만나 농구 배우기를 그만두겠다고 말했다.

"괜찮아. 무엇이든 자기한테 잘 맞지 않는 것을 억지로 하면 공연히 시간만 낭비하게 되지. 바비야, 농구는 적성에 맞지 않을지 모르지만 찾아보면 틀림없이 잘 맞는 것이 있을 거야. 그것을 빨리 찾도록 해라."

코치 선생님도 아빠와 같은 말을 했다.

"하지만 선생님, 농구 경기를 구경하는 것은 아주 재미있어요."

"허허, 우리 농구팀이 경기에 나가면 열심히 응원해주렴."

"선생님, 브라보 오빠를 꼭 선수로 뽑아주셔야 돼요."

"브라보는 아주 열심히 하고 있단다. 이미 후보 명단에는 들어 있다. 좀 더 두고 보자."

수업이 시작되자, 코치 선생님은 볼 캐치, 즉 패스를 받는 요령에 대해서 말했다.

"나에게 패스해준 공을 받는 것을 '볼 캐치' 또는 '리시브' 라고 합니다. 모두 공을 받는다는 뜻이죠. 아무리 좋은 패스를 해줘도 공을 받는 사람이 제대로 받지 못하면 드리블, 패스, 슛으로 연결하기 어려워 좋은 공격 기회를 놓치게 됩니다."

브라보는 지난 시간에 패스 연습을 하면서 공을 패스하는 것보다 받는 것이 더 어렵다는 것을 깨달았다.

"축구 경기에서도 패스가 원만하게 연결되지 못하면 자꾸 공격이 끊기고 볼을 빼앗기죠? 패스를 잘해줘도 받는 선수가 제대로 받지 못하면 상대편 선수에게 볼을 빼앗기잖아요? 축구는 발로 하는 경기이고, 농구는 손으로 하는 것이 다를 뿐 기본은 같답니다."

코치 선생님은 또 인쇄물을 나눠주었다. 차례대로 모으면 훌륭한 농구 교과서가 될 것 같았다. 이번 내용은 '리시브의 요령' 이었다.

브라보의 미니 농구 교과서-4

볼 캐치(리시브)의 요령

- 몸의 정면에서 두 손으로 받는 것이 기본이다.
- 손바닥으로 받는 것이 아니라, 손가락으로 받는다는 느낌으로 한다.
- 공격하기 좋은 기회라고 생각하면 손을 흔들거나 손가락으로 패스 방향을 알려주는 것이 좋다.
- 패스를 받으면 즉시 드리블, 패스, 슛으로 연결해야 한다.
- 패스의 방법에 따라 받는 방법도 차이가 있다. 요령을 잘 익혀 두고 반복해서 연습해야 한다.

1. 직선 패스 리시브

두 손으로 하는 직선 패스는 공이 빠르기 때문에, 자기 몸의 정면에서 두 손을 뻗어 손바닥을 펴고 받아야 한다. 가슴 높이에서 받는 것이 안전하다.

2. 점프 패스 리시브

점프 패스나 오버헤드 패스는 패스하는 사람이 상대편의 수비를 피해 공을 머리 위로 추켜올리고 던지게 된다. 따라서 받는 사람도 점프하며 받거나 손을 머리 위로 올려서 받아야 할 경우가 많다. 공을 받기 전 몸을 움츠리고 점프할 준비를 하고 있어야 한다.

3. 바운드 패스 리시브

바운드 패스는 대부분 가까운 거리에서 이루어진다. 상대편이 바짝 다가서서 적극적으로 수비를 펼칠 때, 그들의 팔이나 허리 아래로 재빨리 공을 바운드시켜 패스하게 된다. 받는 사람은 될 수 있는 대로 두 손으로 확실하게 잡아야 한다. 그렇지 않으면 공이 손에서 튕겨나가기 쉽다. 제자리에 서서 받기보다 한두 걸음 앞으로 나와서 받는 것이 좋다.

코치 선생님의 지시에 따라 두 사람씩 짝을 지어 뛰어가면서 공을 주고받는 연습을 했다. 가만히 서서 받는 것보다 뛰면서 공을 받는 것이 훨씬 어려웠다.

공교롭게도 브라보의 짝은 제일 장난이 심한 같은 학년의 영수였다. 영수는 장난치듯 브라보에게 제멋대로 패스를 했다.

"야, 똑바로 패스해야지."

"그것도 못 받냐? 선수가 되려면 그 정도는 받아야지. 자, 간다!"

"아얏!"

영수가 가까운 거리에서 갑자기 빠르게 던진 공을 받다가 브라보는 손가락을 다치고 말았다. 손가락이 너무 아파서 더는 공을 받을 수가 없었다. 손가락을 움켜쥐고 있는 브라보에게 코치 선생님이 다가왔다.

"왜 그러니?"

"손가락을 다쳤나 봐요."

"어디 보자."

"아얏!"

“가벼운 부상이 아닌 것 같다. 왼손 가운뎃손가락이 삔 것 같구나. 공을 받을 때 손가락이 다치지 않도록 조심하라고 얘기했지?”

아이들이 브라보 주변으로 모여들었다. 6학년들을 비롯해서 모두 영수를 비난했다.

“영수 잘못이야!”

“영수가 멋대로 패스하는 거 나도 봤어.”

“넌 장난이 너무 심해.”

그러자 코치 선생님도 영수를 꾸중했다.

“농구 연습도 수업이잖아? 수업에 열중하지 않고 장난을 치면 어떻게 하니?”

“잘못했어요, 선생님.”

“아니에요, 선생님. 제 잘못이에요. 제가 패스를 잘못 받아서 다친 거예요.”

코치 선생님 앞에서 머리를 숙이고 있는 영수를 막아서며 브라보는 자기 잘못이라고 했다.

“손가락이 부어오르는 것 같구나. 빨리 병원에 가보자.”

뜻밖의 부상이었다. 브라보는 손가락이 아픈 것보다 앞으로 연습을 못하게 될까봐 걱정이었다. 다행히 손가락뼈가 부러진 것은 아니어서 깁스는 안 해도 됐지만, 의사 선생님은 열흘 정도

붕대를 풀지 말고 운동을 쉬라고 했다. 브라보는 안타까웠다.

"미안해, 내가 장난이 너무 심했어."

병원까지 따라온 영수는 어쩔 줄 몰라 했다. 코치 선생님도 안타까워했다.

"그나마 다행이라고 생각해라. 무리하면 덧날지 모르니까 의사 선생님 말씀대로 열흘쯤 연습을 쉬도록 하렴."

브라보가 손가락에 붕대를 감고 집에 돌아오자, 아빠 엄마도 놀라서 손가락을 살펴보았다.

"아니, 어쩌다가 이렇게 됐니?"

"괜찮아요. 많이 다치지 않았어요."

"누가 그랬니?"

"제가 실수해서 다친 거예요."

"코치 선생님한테 전화해서 여쭤봐야겠다."

펄쩍 뛰는 엄마를 아빠가 말렸다.

"놔둬요. 브라보가 자기 잘못이라고 했잖아요? 아이들끼리 운동하다가 다친 걸 어쩌겠소?"

"아빠, 저 농구 연습에 빠지면 안 되거든요. 빨리 나을 방법이 없을까요?"

브라보는 열흘씩이나 연습에 빠지면 나중에 선수로 뽑히지 못할까봐 걱정됐다. 아빠는 브라보의 다친 손가락에 얼음찜질을 해줬다.

"내일은 아빠하고 같이 한의원에 한번 가보자. 혹시 침을 맞으면 좀 더 빨리 나을지 모르니까."

"네. 빨리 나을 수만 있다면 뭐든지 하겠어요."

"허허, 웬일이니? 병원에는 그렇게 가기 싫어했으면서. 농구에 푹 빠진 모양이구나."

결국 브라보는 손가락에 붕대를 감은 채로 농구 교실에 나갔다. 직접 농구를 할 수는 없었지만 연습에 빠지지는 않았다. 코치 선생님의 설명을 열심히 듣고, 다른 친구들의 연습을 지켜보며 잘잘못을 살펴봤다. 또 혼자서 체육관 안을 몇 바퀴씩 뛰면서 체력을 유지하려고 애썼다. 브라보의 그런 모습을 코치 선생님은 물론, 아빠 엄마도 대견스럽게 생각했다.

"언제나 까불고 산만하기 그지없던 브라보가 농구를 하더니 아주 침착해지고 어른스러워진 것 같아요."

드리블

"오늘은 드리블에 대해서 공부하겠습니다."

코치 선생님의 말에 브라보는 신바람이 났다. 드리블은 한 손으로도 할 수 있어, 다치지 않은 손으로 연습할 수 있기 때문이다.

"드리블이 뭘까요?"

"공을 바운딩하면서 몰고 가는 동작이요."

"맞습니다. 공을 한 손으로 바운딩하면서, 즉 바닥에 튀기면서 몰고 가는 동작을 말합니다. 그런데 자기 멋대로 드리블을 해도 될까요?"

"안 돼요."

"드리블에 어떤 규칙이 있을까요?"

"세 발짝 이상 바운딩을 하지 않고 가면 '트래블링' 이라는 반칙입니다."

브라보가 자신 있게 대답했다.

"드리블을 하다가 공을 두 손으로 잡고 멈춰 섰다가 다시 드리블을 하는 것도 반칙입니다."

이번에는 지환이가 대답했다.

"그렇습니다. 드리블은 패스, 슈팅과 함께 농구의 3대 요소 가운데 하나라고

할 수 있습니다. 농구뿐 아니라, 축구나 핸드볼 같은 많은 단체구기 종목들이 드리블과 패스에 의해 진행되고 슈팅으로 마무리됩니다. 결국 경기 내용 대부분이 드리블과 패스라고 해도 과언이 아니죠."

코치 선생님은 다른 때와 마찬가지로 학생들에게 인쇄물을 나누어 주었다.

드리블의 요령과 방법 등이 적혀 있었다.

브라보의 미니 농구 교과서-5

드리블 요령

■ 드리블은 반드시 한 손으로 해야 한다. 그러나 오른손이든 왼손이든 자유롭게 쓸 수 있다. 상대편의 방어를 피해서 공격 방향을 바꾸려면 오른손과 왼손을 적절하게 사용하며 드리블해야 한다.

■ 공을 보지 말아야 한다. 공은 어디까지나 손으로만 컨트롤해야 하며, 공격 방향을 주시해야 한다.

■ 공은 손바닥에 있지만 손바닥보다는 손가락으로 컨트롤하는 기분으로 다룬다. 다섯 손가락을 안쪽으로 약간 오므리고 손가락 끝에 힘을 준다.

■ 상대편에게 공을 빼앗기지 않도록 상황에 맞춰 다양한 드리블 방법을 사용해야 한다.

드리블의 방법

1. 스피드 드리블

속도는 빠르고 바운딩 수는 적게 하는 드리블이다. 주로 드리블하면서 상대편의 바스켓을 향해 달려가는 러닝 드리블에서 많이 사용한다. 바운딩하는 공의 높이는 허리 정도가 적당하다.

2. 컨트롤 드리블

스피드 드리블을 제외한 모든 드리블이 컨트롤 드리블이다. 제자리에 서서 패스나 슈팅할 기회를 노리거나, 움직이면서 공격 방향을 찾으며 우리 편에게 패스할 때 사용하는 드리블로 다양한 세부 기술이 있다.

드리블의 종류

드리블에는 여러 종류가 있지만 크게 다섯 가지로 나눠볼 수 있다.

1. 하이로우 드리블

공을 상황에 따라 높고 낮게 바운딩하는 것이다. 상대편 수비자가 떨어져 있을 때는 높이 바운딩하다가 수비자가 다가오면 공을 빼앗기지 않도록 낮고 빠르게 드리블한다. 높은 바운딩은 허리 높이, 낮은 바운딩은 무릎 높이로 한다.

2. 크로스오버 드리블

드리블하면서 공격해나갈 때 수비자들을 피하기 위해 왼쪽에서 오른쪽으로, 또는 오른쪽에서 왼쪽으로 방향을 바꾸며 드리블하는 기술이다. 방향을 바꿀 때는 드리블하는 손도 바뀌기 때문에 크로스오버 드리블이라 불린다.

3. 리버스턴 드리블

드리블하면서 전진하는데 앞에서 수비자가 바짝 다가와 가로막으면 일단 멈춰 서서 드리블한다. 그 다음 재빨리 돌아서서 수비자를 등 뒤에 두고, 우리 편에게 패스하거나 다시 몸을 돌려 드리블하는 기술이다. 리버스턴은 돌아선다는 뜻이다.

4. 레그 스루 드리블

양다리 사이로 드리블하는 기술이다. 쉽지 않은 기술로 성인이나 프로 농구에서 많이 쓰인다. 이 드리블은 멈춰 서 있는 상태에서 상대편 수비자를 혼란스럽게 하거나 공을 빼앗기지 않고 찬스를 엿볼 때 주로 쓰인다. 상대편이 공을 빼앗기가 쉽지 않다. 양다리는 농구공이 통과할 만큼 적당히 벌리고, 무릎을 굽혀 자세를 낮춰야 한다. 공이 발에 닿으면 키킹 반칙이 되기 때문에 조심해야 한다.

5. 비하인드 백 드리블

이 기술은 '비하인드 백패스'처럼 공을 자신의 등 뒤로 돌려 방향을 바꿔서 드리블하는 기술이다. 드리블하면서 공격해나갈 때 갑자기 수비자가 뛰어들어 바짝 앞을 가로막으면 전진하기 어렵다. 이럴 때 공을 자신의 등 뒤로 돌려 수비자를 피해서 드리블을 계속해나가기 좋은 기술이다. 하지만 초보자에게는 어려운 기술로 많은 연습이 필요하다.

드리블 연습이 시작되었다. 드리블은 중요한 기술이고 종류도 여러 가지가 있어서 많은 연습이 필요했다. 브라보는 양손을 번갈아가며 연습할 수는 없었지만 한 손으로라도 연습할 수 있어서 무척 기뻤다.

"많이 불편하지?"

영수가 브라보 옆으로 다가왔다.

"나 때문에 연습을 제대로 못하게 돼서 정말 미안해."

"괜찮아. 이렇게 한 손으로 연습하면 되잖아. 드리블은 한 손으로 하는 거니까 얼마든지 연습할 수 있어. 염려 마."

"내가 도와줄게."

영수는 옆에서 같이 연습하며 열심히 도와주었다. 코치 선생님이 브라보에게 다가왔다.

"브라보야, 열심히 하는 것은 좋은데 너무 무리하지 마라. 자칫하다가 다친 손가락이 덧나면 안 된다."

"조심할게요, 선생님."

"너무 조급해하지 않아도 돼. 한꺼번에 모든 종류의 드리블을 익힐 수는 없으니까. 한 가지씩 차례차례 익혀나가야 한단다. 누가 더 꾸준히 많이 연습했느냐에 달려 있는 거야."

"선생님, 저는 농구 연습이 정말 재미있어요."

"하하하, 자기가 하는 것이 재미있으면 실력도 부쩍 늘기 마련이란다."

"영수하고 연습하니까 더 재미있어요."

"장난꾸러기 영수도 아주 성실해졌구나."

"고맙습니다."

"영수야!"

그때 영수 엄마가 체육관에 나타났다. 아이들이 우르르 몰려가 인사했다. 브라보도 공손하게 인사드렸다.

"안녕하세요?"

"브라보구나. 어디 보자, 영수 때문에 손가락을 다쳐 고생이 많다고 들었다."

"아니에요, 괜찮아요."

"너희 엄마한테도 죄송하다고 전화를 드렸다. 정말 미안하구나."

코치 선생님도 다가왔다.

"연습 중에 죄송합니다, 선생님. 영수 엄마예요."

"안녕하셨습니까?"

"우리 영수가 장난이 너무 심해서 걱정이 많으시죠?"

"아닙니다. 영수는 성격도 명랑하고 아주 적극적입니다."

"칭찬해주시니 고맙습니다. 영수가 브라보의 손가락 다치게 한 것도 사과드릴 겸, 제가 아이스크림을 사왔거든요. 다 함께 먹을 수 있도록 넉넉히 사왔어요."

"와아, 감사합니다!"

아이들이 환호성을 올렸다. 코치 선생님도 잠시 연습을 쉬면서 아이스크림을 먹자고 했다. 선생님과 영수 엄마도 함께 아이들과 둘러앉아 아이스크림을 먹었다.

"여러 어린이 농구 교실을 지도했습니다만, 이번 아이들은 서로의 우정이 남다른 것 같습니다. 농구는 단체경기이기 때문에 화합과 단결이 제일 중요하거든요. 농구팀을 만들면 정말 잘 할 것 같습니다."

"우와!"

코치 선생님의 칭찬에 아이들이 신바람이 나서 또 한 번 함성을 질렀다. 그리고 더욱 열심히 해야겠다고 저마다 다짐했다.

발동작

브라보의 다친 손가락도 거의 다 나았다. 바비는 농구 교실에 참가하지 않았지만 여전히 농구에 대해서 많은 것을 알고 싶어

했다. 브라보는 집에 돌아오면 코치 선생님이 나눠준 인쇄물들을 다시 보면서 열심히 공부했다.

그럴 때마다 바비도 옆에서 함께 들여다보며 궁금한 것이 있으면 브라보에게 물었다.

"발동작? 이건 뭐야? 농구에서도 발동작이 중요해?"

"그럼! 아주 중요하지."

"스탠스, 스텝, 피벗? 이게 무슨 말인지 알려줘."

"모두 발동작인데, 스탠스는 두 발의 간격을 말하는 거야. 공격자보다 수비자한테 더 중요해. 상대편의 공격을 막기 위해서는 몸을 약간 낮추고, 되도록 팔을 넓게 벌리면서 두 발도 공격자가 쉽게 빠져나가지 못하도록 넓게 벌리고 서야 돼."

"이렇게?"

"그렇지. 하지만 그렇게 두 발의 폭이 너무 넓으면 재빨리 움직이기가 어렵단 말이야. 적당히 넓어야지."

"이제 됐어?"

"그래, 두 발의 간격은 좋은데, 자기 몸의 무게중심이 두 발의 발가락 쪽에 있어야 돼."

"다음, 스텝은 뭐야?"

"스텝은 발의 움직임이야. 특히 패스를 주고받을 때 스텝이 아주 중요하거든. 패스가 꼭 자기 앞쪽에서 오는 것이 아니라 왼쪽 오른쪽에서도 오고, 또 달려가면서 패스를 주고받아야 하잖아?"

"그건 나도 알아."

"그럴 때 스텝이 맞지 않으면 패스를 제대로 주고받지 못하거나, 자칫하면 두 발이 엉켜 넘어지기 쉽고, 또 발목을 다칠 수 있어."

"스텝을 어떻게 해야 하는지 오빠가 한번 해봐."

"그건 시범을 보여주기는 어렵고, 직접 농구공을 가지고 패스를 해봐야 돼. 말로는 설명하기도 어려운데……."

그때 아빠가 브라보와 바비에게 다가왔다.

"아무래도 우리 집에서 농구 박사가 나오겠는걸! 남매가 모두 농구에 열심인데?"

"농구의 발동작에 대해서 바비에게 설명해주고 있어요."

"아빠, 피벗이 뭔지 아세요?"

"허허, 바비가 아빠 실력을 시험해보려고 하는데?"

"에이, 아빠는 잘 모르시나 봐요?"

"피벗이란 한쪽 발을 바닥에 고정시켜 놓고 다른 쪽 발만 이리저리 움직이는 동작이야. 농구에서 가장 많이 사용하기 때문에 발동작 가운데 제일 중요하다고 할 수 있지."

"오빠, 아빠의 설명 맞아?"

"아주 정확히 맞아. 피벗을 할 때 두 발을 모두 움직이면 트래블링 반칙이야. 피벗을 하면서 패스할 곳을 찾거나, 수비자를 제치고 빠져나갈 방향을 찾지. 또 골대 가까운 위치에서는 피벗을 하다가 재빨리 돌아서며 슛을 할 수도 있어."

"허허, 우리 브라보가 정말 농구 박사 다 됐구나. 하지만 이걸 알아야 돼."

"뭘요?"

"스포츠는 직접 해봐야 더 잘 알 수 있다는 거지."

"말보다 실천!"

"옳거니, 우리 바비가 정답을 말했구나."

슈팅

농구 교실은 점점 무르익어 갔다. 계속되는 연습과 훈련에 지쳐 몇 명은 포기했고, 또 몇 명은 적성에 맞지 않아 그만두었지만 대부분 끝까지 포기하지 않았다. 코치 선생님도 무척 흐뭇해했다.

"찌부리거나 불평하는 사람 없이 열심히 해줘서 고맙습니다. 여러분은 정말 농구를 사랑하는 사람들입니다. 자, 이제 우리는 농구에서 가장 중요한 기술을 배우려고 합니다. 뭘까요?"

"슈팅이요!"

"그렇습니다. 슛은 농구의 꽃입니다. 슛을 하기 위해서 드리블과 패스가 있는 것입니다. 농구는 슛을 통해서 상대편보다 많은 점수를 올려야 이기는 경기입니다. 그러자면 어떻게 해야죠?"

"슛을 많이 해야 합니다!"

모두 신이 나서 마치 합창하듯 큰 소리로 외쳤다. 슈팅 연습을 한다니 가슴이 설레는 것 같았다.

"축구는 경기장이 넓기 때문에 공격수와 수비수의 역할이 정해져 있어서 주로 공격수가 슈팅을 하지만, 농구는 한 팀 5명이 모두 슈팅을 해야 합니다."

"야, 신난다!"

"난 슛에 자신 있어."

"내가 너보다 더 잘해!"

아이들은 점점 더 신바람이 나서 큰 소리로 떠들어댔다.

"그렇다고 해서, 모두 다 무조건 슈팅만 하면 안 되죠."

코치 선생님의 말을 지환이가 점잖게 받았다.

"확실한 슈팅 찬스를 만들어서 정확하게 슛을 해야 합니다."

코치 선생님이 고개를 끄덕였다.

"네, 맞아요. 농구도 공격을 주로 하는 선수와 수비를 주로 하는 선수로 역할 분담이 있어요. 먼저 자기가 맡은 역할에 책임을 다해야 합니다. 또한 전원이 수비하고 전원이 공격해야 합니다. 그러자면 반드시 협동심과 책임감이 있어야겠죠."

"선생님, 빨리 슈팅 기술을 가르쳐 주세요."

"아까 지환이가 정확하게 슛을 해야 한다고 했는데, 그러려면 어떻게 해야 해요?"

"골대 가까이 가서 슛을 해야 정확해요!"

누군가가 코치 선생님보다 먼저 대답을 했다.

"그럴 수 있겠지. 하지만 그보다 더 필요한 게 있지요. 무엇을 먼저 해야 할까요?"

"슈팅 연습을 많이 해야 합니다."

“그렇죠. 바로 그겁니다. 프로 농구 선수들도 하루에 수백 번씩 슈팅 연습을 합니다. 하루 1천 번 이상 슈팅을 연습하는 선수들도 있죠. 우리가 볼 때, 프로 농구 선수들은 아주 쉽게 슈팅하는 것 같지만 그것은 많은 연습의 결과입니다.”

“농구 황제 마이클 조던도 그렇게 슈팅 연습을 많이 했나요?”

“당연하죠. 마이클 조던도 피나는 연습과 슈팅의 실패를 통해서 최고의 농구 선수가 되었다고 스스로 고백한 적이 있어요.”

“선생님, 피나는 연습은 알겠는데요. 슈팅의 실패를 통해서 최고의 선수가 됐다는 말은 무슨 뜻이죠?”

브라보가 코치 선생님에게 물었다.

“슛이 안 들어갔을 때 그냥 안 들어갔구나 하고 끝나는 것이 아니라, 왜 안 들어갔는지 스스로 반성해보고 미숙한 점을 찾아내면서 고쳐나갔다는 뜻입니다.”

“아, 실패는 성공의 어머니!”

이번에는 영수가 한마디 했다.

“자, 연습을 시작하기 전에 기본적인 공부를 하겠습니다.”

코치 선생님이 슈팅에 대한 여러 가지 요령들이 적힌 인쇄물을 나눠주었다. 슈팅에 관심이 많은지, 모두 인쇄물을 열심히 들여다보고 있었다.

브라보의 미니 농구 교과서-6

슈팅의 기본

■ 정확하고 안정된 자세에서 슛을 해야 한다.

■ 끝까지 바스켓에서 눈을 떼지 말아야 한다.

■ 되도록 자기 몸의 정면에서 슛을 해야 한다.

■ 손바닥 전체로 공을 잡고 슛을 하되, 엄지손가락을 비롯해 손가락을 잘 이용해야 한다.

■ 슛은 손으로만 하는 것이 아니라 팔목(스냅), 팔 등을 모두 사용한다.

■ 공을 던진 뒤, 팔을 쭉 뻗어주는 폴로 스루도 중요하다.

■ 슛하려는 위치에서 던지는 공의 높이, 그리고 바스켓까지의 거리와 각도를 감안해야 한다. 슛은 바스켓 안으로 바로 들어갈 수도 있고, 림을 맞고 들어갈 수도 있으며, 백보드를 맞고 들어갈 수도 있다. 경우에 따라서는 바스켓이 아니라, 백보드를 겨냥하고 공을 던질 수도 있다.

■ 항상 상대편에 슛을 저지하려는 수비자, 특히 자기를 책임지고 막는 전담 마크맨이 있다는 것을 염두에 두어야 한다.

슈팅의 방법

슈팅은 손으로 공을 던져 바스켓에 넣는 것이다. 따라서 손을 효과적으로 사용하는 것이 중요하다. 한 손으로 슛을 할 수도 있고, 두 손을 사용할 수도 있다.

1. 원 핸드 슛

공을 한 손으로 던지는 슛이다. 최근의 성인 남자 선수들은 거의 모두 한 손으로 슛을 한다. 원 핸드 슛에는 몇 가지 장점이 있다.

- 슛 동작이 투 핸드 슛보다 빨라 수비가 치열할 때 유리하다.
- 움직이면서 슛이 가능하다.
- 다양한 슛을 시도할 수 있다.
- 수비자들의 방어하는 손을 피하기 쉽다.

이밖에도 여러 장점이 있지만 손이 작은 여자나 어린이의 경우, 한 손으로 공을 들고 자유롭게 던지는 것이 어렵고, 던져도 공이 멀리 가지 못하기 때문에 지나치게 욕심을 내지 않는 것이 좋다.

2. 투 핸드 슛

슛할 때 공을 두 손으로 던지는 방법이다. 슛의 기본은 투 핸드 슛이다. 여자 선수나 어린이들이 많이 사용한다. 자기 몸의 정면에서 슛을 시도할 때, 또는 프리스로(자유투)같이 상대편의 방해가 없을 때 유리하다. 그러나 정면이 아니면 자기 팔에 시야가 가려 바스켓이 잘 안 보일 수 있다. 또한 수비자들이 내뻗은 팔을 피하기가 쉽지 않다.

드디어 슈팅 연습이었다. 한결같이 최고의 골잡이가 되겠다는 마음가짐으로 코치 선생님 앞에 모여 섰다.

"슛을 하는 기술이나 종류는 워낙 다양하기 때문에 모두 설명하기는 힘듭니다. 우선 슛을 하는 자세만 하더라도 바스켓을 향해 달려오면서 슛하는 러닝슛, 제자리에서 슛하는 스탠딩슛, 상대편 수비자들보다 높은 위치에서 슛하는 점프슛 등이 있습니다."

"덩크슛도 있어요."

"자유투도 있어요, 선생님."

"그렇습니다. 정해진 자리에서 수비자의 방해 없이 슛을 하는 프리스로자유투도 있고, 멀리서 슛하는 롱슛도 있습니다. 자, 그럼 자유투를 던지는 위치에서 한 사람씩 슈팅 연습을 해보겠습니다."

"몇 개씩 던져요?"

"차례차례 두 번씩 슛을 해보세요."

저마다 먼저 던지려고 앞다투어 줄을 섰다. 서로 멋있게 던지려고 애썼고, 2개 모두 성공시키려고 신중하게 바스켓을 노려보기도 했다.

"반드시 두 손으로 던져요. 프로 선수 흉내 내지 말고."

코치 선생님은 하나하나 잘못된 점을 지적했다.

"힘으로 던지려고 하지 말고 두 엄지손가락과 손목으로 공을 밀듯이 던져봐요."

슛은 생각보다 훨씬 어려웠다. 마음은 공이 림을 건드리지도 않고 깨끗이 들어갈 것 같았지만, 너무 짧게 던져 바스켓 근처에도 가지 못하는 학생들이 많았다. 또는 엉뚱한 곳으로 날아가기도 했다.

"슛, 골인!"

브라보는 두 번을 모두 성공해서 박수를 받았다. 은근히 자신감이 생겼다.

"자, 이번에는 3미터쯤 떨어진 위치에서 점프슛을 해보겠습니다. 누가 제일 잘할까요?"

슛 연습은 정말 재미있었다. 점프슛에 이어서 롱슛 연습도 했다. 점프슛에서는 지환이가 일등이었다. 그리고 롱슛에서는 브라보가 일등을 차지했다.

"브라보는 슈팅에 소질이 있는 것 같구나."

브라보는 너무 기뻤다. 힘이 저절로 솟는 것 같았다. 다음은 공을 드리블하면서 달려와 슛하는 러닝슛이었다.

"세 발짝 이상 공을 바운딩하지 않고 드리블하면 반칙이라는 거 알죠? 스텝을 잘 맞춰서 슛을 해야 합니다."

러닝슛은 정말 어려웠다. 혼자서 슛하기도 어려운데 앞에서 상대편 선수가 가로막고 있으면 그를 피해 슛하기는 더욱 어려울 것 같았다. 연습을 많이 하지 않으면 안 될 것 같았다. 브라보와 지환이를 비롯한 몇몇 학생들은 농구 교실이 끝난 뒤에도 체육관에 남아서 오래도록 슈팅 연습을 했다.

일요일이 되자 아빠는 브라보를 동네 스포츠센터로 데리고 갔다.

"그동안 우리 브라보의 농구 실력이 얼마나 늘었는지 직접 봐야겠다."

"코치 선생님한테 슈팅을 잘한다고 칭찬도 받았어요."

"허허, 자신감이 넘치는구나. 하지만 직접 봐야겠다."

"시험 보는 거예요?"

"그래, 시험이라면 시험이지."

아빠가 골밑에서 떨어지는 공을 패스해주고 브라보는 여러 위치에서 점프슛을 했다. 골인되는 경우보다 안 들어가는 경우가 더 많았다.

"점프슛은 몸을 움츠렸다가 뛰어오르며 힘을 모아 던지기 때문에 훨씬 멀리 던질 수 있단다."

"앞에서 상대편 수비자들이 막고 있을 때도 유리하지요."

"그래. 상대편 수비자들의 움직임이나 거리에 따라서 두 손 또는 한 손으로 던져야 한단다. 내가 막아설 테니까 한 손 또는 두 손으로 슈팅해봐라."

"한 가지 여쭤볼 게 있어요, 아빠."

"뭐냐?"

"점프하며 뛰어오를 때, 또 점프하고 내려올 때, 언제 슛을 하는 것이 좋아요?"

"점프슛은 점프가 가장 높은 곳에 이르는 순간, 잠시 멈추는 듯하면서 던지는 거야. 점프하면서 던지거나 떨어지면서 던지면 정확성이 떨어지고 수비자들의 손에 걸리기 쉽지. 또 하나,

바스켓을 향해 45° 각도로 던지는 것이 가장 정확해. 알았지?"

"아빠 말씀대로 해볼게요."

브라보는 아빠의 지시에 따라, 점프슛과 롱슛을 연습하고 가장 어려웠던 러닝슛을 집중적으로 연습했다.

"제일 좋은 방법은 끊임없이 되풀이해서 연습하는 것뿐이다."

"말보다 실천!"

"그렇지. 뚜렷한 목표가 있는 사람은 과정이 아무리 힘들어도 그것을 이겨내거든."

"저는 주니어 나이츠 농구 선수가 되겠다는 뚜렷한 목표가 있어요."

"좋아. 그렇다면 힘든 연습 과정을 이겨내야 돼."

"아빠, 제 성적은 어땠어요? 시험이라고 하셨잖아요."

"음, 아빠가 보기에 브라보는 슈팅에 소질이 있는 것 같구나. 합격이다."

"와아, 신난다!"

"샤워는 집에 가서 하기로 하고, 땀도 식힐 겸 아이스크림이나 먹고 가자꾸나."

"와아, 더 신난다!"

아빠는 브라보와 함께 아이스크림을 먹으면서도 슈팅에 대해서 여러 가지 말을 했다.

"슈팅에는 그밖에도 여러 종류가 있어. 이를테면, 바스켓 가까이에서 공을 던진다기보다 림 안으로 집어넣듯이 하는 레이업슛도 있고, 역시 골밑에서 팔을 갈고리 모양으로 취하며 집어넣는 훅슛도 있고, 화려한 덩크슛도 있단다."

"그걸 언제 다 배우죠?"

"서두를 것 없어. 기초부터 충실하게 익혀 나가면 되는 거야. 기초가 충실하면 언제든지 새로운 기술을 익힐 수 있어. 기술만 익히려고 욕심내면 안 된다."

"알았어요. 지금은 기초에 충실하고, 초등학생 수준에 맞는 기술만 잘 익히면 되는 거죠?"

"그렇지. 어? 내가 얘기하는 동안 아이스크림은 다 사라졌잖아?"

어느덧, 농구 교실도 끝나가고 있었다. 하지만 아이들은 더욱 긴장했다. 농구 교실이 끝나면 코치 선생님이 경기에 나갈 대표선수 학생들의 명단을 발표하겠다고 말했기 때문이다.

"오늘은 슈팅과 관계있는 리바운드와 블로킹에 대해서 공부하겠습니다. 리바운드가 뭘까요?"

"슈팅한 공이 들어가지 않고 백보드나 림을 맞고 나오는 것을 잡는 거예요."

"그럼 블로킹은?"

"상대편 선수가 슛한 공을 골인되기 전에 쳐내는 겁니다."

"모두 열심히 공부를 했나 보군요. 농구 경기 중에 상대편 선수의 슈팅을 가만히 서서 바라보고 있으면 안 됩니다."

"안 들어갈 수도 있으니까요."

"그렇죠. 백보드나 림을 맞고 튕겨 나오는 공을 잡기 위해 양 팀 선수들이 모두 달려듭니다. 공을 잡은 팀이 공격 기회를 갖게 됩니다."

"아무래도 키가 큰 선수가 유리하겠네요?"

"그럴 수 있죠. 하지만 모든 선수가 리바운드에 참여하는 것은 아닙니다. 키가 큰 선수는 리바운드하려고 점프하고, 작은 선수들은 상대편이 리바운드하지 못하도록 좋은 위치를 먼저 차지하면 됩니다."

"그렇구나."

"농구는 골밑을 장악하는 팀이 이기는 경기입니다. 그래서 리바운드가 중요합니다."

"슛 블로킹도 키가 큰 선수가 유리하죠?"

"아무래도 키 큰 선수가 유리하겠죠. 슛 블로킹은 상대편 선수가 슛한 공을 골인되기 전에 손으로 쳐내는 겁니다. 하지만 상대편 선수를 밀거나 손목을 건드리면 파울이 됩니다. 또 상대편 선수가 슈팅한 공이 정점에서 내려올 때 블로킹하면 안 됩니다."

"다시 한 번 설명해주세요."

"잘 들으세요. 바스켓의 높이가 선수들의 키보다 높기 때문에, 슈팅한 공은 포물선을 그리게 되겠죠? 다시 말하면 공이 위로 올라갔다가 정점에서 바스켓을 향해 내려오잖아요? 그 내려오는 공을 건드리면 파울이라는 겁니다."

"그러니까 정점에 다다르기 전에 쳐내야 한다는 거죠?"

"그렇습니다."

곧 연습이 시작되었다. 몇 명씩 짝을 지어 한 사람은 점프슛을 하고, 다른 사람들은 리바운드와 슛 블로킹하는 연습을 했다. 코치 선생님이 이곳저곳 돌아다니며 잘못된 점을 지적해주었다. 모든 학생들의 머릿속에는 농구 선수로 뽑히고 싶다는 생각이 가득했다. 지환이가 브라보 옆으로 다가왔다.

"브라보, 넌 틀림없이 뽑힐 거야."

"아냐, 난 키가 좀 작아서 어려울 것 같아."

"하지만, 넌 슈팅도 잘하고 무척 빠르잖아?"

"형은 점프슛을 아주 잘하잖아? 키도 크고. 형은 틀림없이 뽑힐 거야.”

“글쎄? 아무튼 너하고 나하고 같이 뽑혔으면 좋겠다.”

그날 밤, 브라보는 잠도 제대로 오지 않았다. 겨우 잠이 들자 꿈을 꾸었다. 꿈속에서 코치 선생님이 선수 명단을 발표하시는데 브라보의 이름이 없었다. 브라보는 엉엉 울면서 깨어났다. 엄마, 아빠가 놀라서 브라보의 방으로 뛰어들어 왔다.

“브라보, 왜 그러니?”

엄마의 목소리에 브라보는 정신을 차렸다.

“제가 꿈을 꾸었나 봐요.”

“악몽을 꾼 모양이구나?”

“무슨 꿈을 꾸었니?”

“제가 농구 선수로 뽑히지 못했어요.”

“그랬구나.”

“걱정하지 마렴. 꿈은 그 반대로 이루어진대.”

여기를 보세요!

덩크슛과 슬램덩크

덩크슛은 슈팅 방법이자 기술로 '덩킹샷' 이라고도 한다. 비교적 근래에 와서 유행처럼 번지고 있는 이 화려한 슈팅은 관중들을 매혹하기 때문에 슈팅의 꽃으로 불린다. 키가 크거나 점프 실력이 좋은 선수들이 손에 공을 든 채 바스켓보다 높게 떠올라 손 아래 있는 바스켓에 공을 집어넣는다.

손이 바스켓보다 높게 올라가자면 키가 클수록 유리하다. 얼핏 생각하면 키가 작은 선수는 덩크슛이 불가능할 것 같지만 키는 작아도 점프력이 좋은 선수들은 키 큰 선수 못지않은 덩크슛을 구사한다.

덩크슛은 상황에 따라 한 손 또는 두 손을 사용한다. 투 핸드 덩크슛은 슛이 안정적이며 상대편 수비자와 몸싸움을 하다가 재빨리 방향을 바꾸며 시도하는 경우가 많다. 원 핸드 덩크슛은 투 핸드 덩크슛에 비해 불안정하지만 상대편 수비자를 완전히 제쳐 거의 노마크 찬스가 생겼을 때 많이 시도한다. 투 핸드에 비해 화려하며 다양한 기술을 보여줄 수 있다. 높이 점프해서 거의 위에서 아래로 내리꽂듯이 바스켓에 공을 집어넣는다.

우리나라 프로 농구에서도 외국의 장신 선수들이 덩크슛을 구사하고 있으며, 요즘은 키가 큰 국내 선수들도 능숙하게 덩크슛을 시도할 만큼 보편화되어 있다.

덩크슛 콘테스트, 덩크슛 대회도 있다. NBA나 국내 프로 농구 올스타전에서는 경기에 앞서 3점슛 콘테스트, 덩크슛 콘테스트 등을 열어 관중들을 즐겁게 하기도 한다.

슬램덩크는 매우 화려한 덩크슛을 말한다. 한 손으로 바스켓의 림을 잡고 공을 아래로 내리꽂거나, 덩크슛을 하고 림을 한 손 또는 두 손으로 잡고 공중에서 묘기를 보일 때를 흔히 슬램덩크라고 한다. 농구의 정식 용어라고는 할 수 없으나, NBA의 칙 헌이라는 아나운서가 처음으로 사용한 이래 보편화되었다.

그러나 슬램덩크가 우리에게 친숙해진 것은 일본 만화의 영향이 컸다. 일본 만화가 이노우에 다케히코의 『슬램덩크』는 전 세계적으로 인기를 끌면서 무려 1억 부 이상이 팔렸다. 물론 우리나라에서도 큰 인기를 끌었다. 『슬램덩크』는 만화뿐 아니라 게임, 애니메이션으로도 만들어져 여전히 큰 호응을 얻고 있다.

4

팀플레이

주니어 나이츠 대표 선수가 될 거야.
나 보자고 했니?
지환이 형, 우리가 선수로 뽑히려면 연습을 더 많이 해야 할 것 같아.
그래, 나도 같은 생각이야.
내가 몇 명 모을게, 같이 연습하자.
팀을 만들어서 연습하자 이거지?
오늘 농구 교실을 마칩니다.
모두 여섯 명이네.
잘됐다. 세 명씩 팀을 만들어서 연습하자.
좋아!
찬성이야!
파이팅!

아니, 브라보는
날이 어두워졌는데
아직도 안 들어왔니?
바비야, 오늘
농구 교실이
있는 날이지?
네, 오빠는 수업 끝난
뒤에 남아서 연습을
더 한댔어요.
그럼 미리 엄마,
아빠에게 얘기를 해야
걱정을 안 하지.
엄마 말씀이
맞아.
들어오면
야단을 쳐야겠어요!
한 번만 봐줍시다.
저렇게 집중해서
열심히 하는 게
얼마나 보기 좋아요?
오늘은
진짜 경기를
하는 것처럼 해보자.

좋아.
우리가 꼭 이길 거야.
파앗
직선 패스 받아라!
휘익
슈욱
투웅
이번에는
바운드 패스!
퉁
가로채기 성공!
촤악

잘해보자.
우리가 지고 있어.
이번엔 곡선 패스!
휙
휘익
투웅
야! 슛은 너 혼자서 다 하는 거야? 한 개도 안 들어가면서.
버럭
뭐야? 넌 패스도 못 받고 자꾸 가로채기 당하면서.
우리 편끼리 싸우면 어떻게 해? 단체경기는 서로 협력해야 이길 수 있단 말이야.
그래. 브라보 말이 맞아. 같은 편끼리 싸우는 건 상대편을 돕는 거야.

너 혼자만 돋보이려고 하면 안 돼.
넌 책임감이 부족해. 좀 더 열심히 해봐.
짜잔!
샌드위치 먹고 해.
와, 최고다!
마침 배고팠는데
잘됐다.
엄마가
만들어 주셨어.
와아,
이 감동.
눈물 난다.
자, 다시
시작해볼까?
투웅
타앗
파울이야!
파울은
네가
먼저
했어!

그만, 그만!
코치 선생님!
정말 열심히 하는구나. 하지만 경기 중에 싸우면 안 된다.
코치 선생님, 저희들 선수로 뽑힐 수 있겠죠?
열심히 하는 사람은 당연히 뽑히겠지. 자, 음료수 마시고 하자!
와아! 우리 코치 선생님, 최고다.

농구 선수 브라보

"브라보 오빠, 만세!"

"꿈은 이루어진다!"

"축하한다. 정말 자랑스럽구나."

농구 교실이 끝나고 코치 선생님은 약속하신 대로 농구 선수로 뽑힌 아이들의 명단을 발표했다. 브라보도 당당히 선발된 것이다. 아빠와 엄마도 크게 기뻐했다. 바비도 신이 났다.

"코치 선생님이 오빠는 공을 다루는 기술이 아주 뛰어나다고 하셨어요. 슈팅도 잘하고요."

"그럴 줄 알았다. 브라보는 운동신경이 뛰어나서 어떤 운동을 하더라도 잘할 거다."

"열심히 할 거예요, 아빠."

"그런데, 브라보야."

"네, 아빠."

"한 가지 알아둬야 할 것이 있다."

"뭐에요?"

"모든 단체 종목이 그렇지만, 경기는 혼자서 하는 것이 아니다. 나 혼자서 아무리 잘해도 상대편을 이길 수 없다. 이미 얘기했지만 선수 모두가 서로 협동하고 자기가 맡은 책임을 다해야 하는 것이 단체경기란다. 개인플레이가 아니라 팀플레이를 해야 한다는 거, 잊지 말아야 한다."

아빠가 진지하게 말하자 바비도 냉큼 맞장구를 쳤다.

"맞아요, 협동심과 책임감. 오빠, 명심해!"

"나도 알아."

"특히 농구는 어느 종목보다 팀플레이가 중요하다. 좁은 코트에서 한 팀 5명의 선수가 약속된 전술이나 작전에 따라 민첩하고 일사불란하게 움직이지 않으면 이길 수 없거든."

"알아요, 아빠. 축구도 나 혼자서는 아무리 잘해도 이길 수 없잖아요. 선수 전원이 부지런히 움직이면서 찬스를 만들어야 하잖아요. 자기만 골을 넣겠다고 무리하게 드리블을 하거나 혼자서 마구 슈팅을 하면 다른 선수들은 힘이 빠지거든요."

"그렇지. 잘 알겠지만 농구는 상대편보다 득점을 많이 해야 이기는 경기다. 아무리 드리블을 잘하고 패스를 잘해도 슈팅을 해서 득점을 하지 못하면 이길 수가 없어."

"한 팀 5명의 선수가 모두 공격에 가담하잖아요."

"그렇지. 5명의 역할, 즉 포지션도 공격을 전제로 해서 정해지거든."

"선수들의 역할에 대해서 다시 한 번 말씀해주세요, 아빠."

브라보는 궁금했었던 듯 진지한 표정으로 아빠에게 질문했다. 아빠도 그런 브라보를 흡족하게 바라보면서 천천히 설명했다.

"농구의 포지션은 크게 포워드, 가드, 센터 셋으로 나눌 수 있다."

"선수는 5명이잖아요?"

"포워드는 슈팅스몰 포워드, 빅파워 포워드로 나누고, 가드는 포인트 가드, 슈팅 가드로 나눈다."

"포워드 2명, 가드 2명, 센터, 이렇게 5명이군요?"

"그렇지."

"각 포지션의 역할은 어떻게 돼요?"

"앞서 말한 대로 농구는 공격이 중심이야. 포인트 가드는 게임을 컨트롤하는 리더의 역할을 하고, 슈팅 가드는 주로 외곽에서 슛을 하지. 슈팅 포워드는 외곽 슛이나 상대편 수비를 뚫고 골밑을 파고들어 슛을 하는 역할이야. 그리고 빅 포워드는 코너에서 슛을 하거나 리바운드슛으로 득점을 올리지. 센터는 대개 키가 가장 큰 선수로, 골밑에서 슛을 하거나 큰 키를 이용해서 리바운드를 따내는 역할을 한다."

"그러니까 중거리슛이나 롱슛을 잘하는 선수와 골 근처에서 상대편과 몸싸움을 벌이면서 리바운드슛, 레이업슛, 훅슛을 잘 하는 선수로 역할 분담을 하는군요."

"그렇다고 볼 수 있지. 이렇게 득점을 위해 공격하는 것을 '오펜스' 라고 한다. 그렇지만 농구는 우리 편이 득점을 하는 것 만큼 상대편의 공격을 저지하는 것도 중요하단다."

"상대편의 공격을 막아내는 수비와 방어 같은 거요?"

"그렇지. 상대편의 공격을 막아내는 방어를 '디펜스' 라고 하지."

"그러니까 농구는 오펜스와 디펜스를 모두 잘해야겠네요."

"당연하지. 그래서 공격과 방어에 많은 전술이 있단다. 선수들은 전술을 잘 익히고 작전에 따라 5명이 서로 협동하고 책임을 다해야 하지."

브라보는 아빠의 말에 진지하게 고개를 끄덕였다.

"아빠, 코치 선생님이 단단히 준비해오라고 하셨거든요. 팀플레이의 전술에 대해서 말씀해주세요."

"아, 그건 코치 선생님이 설명해주실 거야. 코치 선생님이 선수들의 장단점을 파악하고 그에 따라 전술을 짜기 때문이지. 또 상대 팀이 결정되면 상대편의 장단점을 분석하고 거기에 맞는 전술을 준비하게 되거든."

"아빠, 질문이 하나 더 있어요."

"뭐냐?"

"저는 어떤 포지션에 맞을까요?"

"그것도 코치 선생님이 정해주실 거야."

"그렇지만……. 아빠 생각은 어떠세요?"

"글쎄, 아빠 생각에는 슈팅 가드가 맞을 것 같아. 슛을 잘한다니까 골대에서 떨어진 곳에서 중거리슛이나 롱슛을 하는 역할을 하게 되지 않을까?"

"네, 저도 슈팅 가드가 제일 맞을 것 같아요."

이만하면 아빠한테 많은 설명을 들은 셈이다.

어린이 농구 선수 브라보. 다음 주부터 경기를 앞두고 본격적인 훈련에 들어갈 예정이다. 브라보는 그날까지 하루도 쉬지 않고 혼자서 부지런히 연습했다. 주말에는 아빠가 많이 도와주었다.

브라보는 꿈속에서 멋진 유니폼을 입고 경기에 나가 크게 활약하는 자신의 모습을 보았다.

여기를 보세요!

농구 선수의 유니폼

농구 선수들의 유니폼은 시대에 따라 많은 변화를 거쳤다. 다른 단체 구기 종목과 마찬가지로 농구 선수들도 예전에는 몸에 꼭 맞는 유니폼을 입었다. 그래서 트렁크하의도 육상 선수처럼 짧아 허벅지 중간쯤이었다. 몸이 날씬해 보이고 날렵해 보이는 장점은 있지만 체격이 작아 보이는 단점도 있었다.

그러나 날이 갈수록 유니폼이 헐렁해지고 트렁크의 길이도 길어졌다. 요즘은 NBA 선수들을 비롯해서 대부분의 농구 선수들이 크고 헐렁한 유니폼을 입는다. 트렁크의 길이는 무릎을 덮고 거의 종아리 중간 정도까지 내려온다. 선수들의 체격이 훨씬 더 커 보이고 위압적으로 보인다.

유니폼의 색깔이나 디자인도 예전에는 아주 단조로웠으나 요즘은 몹시 화려하다. 특히 프로 선수들의 유니폼은 아주 화려하다. 만일 경기를 벌이는 두 팀의 유니폼 색깔이 비슷하다면 어떻게 할까?

농구뿐 아니라 축구나 야구에서도 프로 팀은 보통 유니폼을 두 가지 색깔로 준비한다. 야구는 원정팀이 빨강, 파랑, 자주색, 검정색 같은 짙은 색의 유니폼을 입는다. 홈팀은 흰색이나 옅은 회색 등 밝은 색을 입는다.

축구는 국제 경기를 할 때, 두 팀이 추첨으로 유니폼 색깔을 결정한다.

그럼 농구는 어떻게 할까? 우리나라 프로 농구KBL의 경우 오랫동안 야구처럼 원정팀이 짙은 색, 홈팀이 밝은 색 유니폼을 입었다. 그러나 규정을 바꾸어 앞으로는 홈팀이 짙은 색, 원정팀이 밝은 색의 유니폼을 입는다. 홈팀 팬들에게 더 강렬한 인상을 주기 위해서라고 한다.

주니어 나이츠 농구팀

드디어 주니어 나이츠 농구팀이 탄생했다. 십여 명의 선수들이 멋진 유니폼을 입고 창단식을 가졌다. 부모님들도 많이 오셔서 창단을 축하해주었다. 창단식이 끝나자 아빠, 엄마가 브라보에게 다가왔다.

"우리 브라보, 선수 유니폼을 입으니 멋있는데!"

"몸이 막 날아갈 것 같아요."

"자랑스러운 우리 아들, 축하의 꽃다발을 받아라."

"고맙습니다."

이제부터 본격적인 훈련이다. 브라보를 비롯한 선수들은 긴장한 표정으로 코치 선생님 앞에 모여 섰다. 코치 선생님도 각오가 대단해 보였다. 인자해 보이던 코치 선생님이 호랑이 감독으로 변했다.

“모두 각오는 됐겠지?”

“네!”

“여러분은 지금까지 농구 교실을 통해서 패스, 드리블, 슈팅처럼 주로 혼자서 공을 다루는 기술들을 익혀 왔다. 하지만 농구는 혼자서 하는 개인경기가 아니다.”

“네!”

모두 우렁차게 대답했다. 코치 선생님은 단체경기에서 선수들 사이에 협동심과 책임감이 가장 중요하다고 강조했다. 아빠의 말과 같았다.

“경기는 우리 편 한 팀이 하는 것이 아니다. 상대 팀이 있기 마련이다. 상대 팀은 우리 팀이 공격하지 못하도록 필사적으로 방어한다. 우리 팀도 수비를 할 때는 상대편의 공격을 최선을 다해서 막아야 한다. 선수끼리 협동이 안 되면 공격도 수비도 제대로 될 수가 없다. 공격을 오펜스, 방어를 디펜스라고 하는데 이제부터 오펜스와 디펜스의 기술을 훈련을 통해 익혀 나갈 것이다. 그 다음 공격 전술과 수비 전술도 익혀 나갈 것이다. 알겠나?”

“네!”

"자, 그럼 지금부터 공격과 수비의 기초부터 살펴보겠다."

공격(오펜스)

"농구에서의 공격은 우리 편이 공을 잡는 순간부터 시작된다."

호랑이로 변한 코치 선생님은 엄격하고 진지한 모습으로 선수들을 긴장시켰다. 선수들은 열중쉬어 자세로 질서 정연하게 줄을 맞춰 서서 선생님의 말을 들었다.

"상대편이 득점에 성공하면 우리 편에 공격 기회가 주어지고, 상대편의 슛이 들어가지 않았을 때 우리 편이 리바운드에 성공하거나 공을 차지하면, 바로 공격으로 연결된다. 이때 가장 중요한 것이 뭘까?"

"패스입니다."

"드리블입니다."

"빠르게 공격하는 겁니다."

"물론 그것도 다 맞는 말이다. 하지만 그것보다 더 중요한 것, 가장 기본적인 것이 뭘까?"

아무도 선뜻 대답하지 못했다.

"너무 어렵게 생각하지 말고, 쉽게 생각해봐라."

"공을 빼앗기지 말아야 합니다."

브라보가 갑자기 머릿속에 떠올라서 힘차게 대답했다.

"그래, 바로 그거야! 상대편에게 공을 빼앗기면 공격을 계속 할 수 없다. 패스나 드리블을 할 때, 항상 공을 상대편에게 빼앗기지 않도록 주의해야 한다."

"네!"

"상대편 선수들은 공을 잡고 있는 우리 편 선수에게 바짝 달라붙어 드리블을 방해하며 공을 빼앗으려고 기회를 노린다. 또 민첩하게 움직이며 패스를 차단하고 슛을 저지하기 위해 최선을 다한다."

"우리 편도 수비를 할 때는 그렇게 악착같이 해야죠?"

"당연하다. 공을 빼앗기면 우리 편의 공격은 수포로 돌아가고 상대편에게 기습 공격을 당하니까 이중으로 손해를 보게 된다."

"맞아요. 우리 편은 2점을 못 얻고, 상대편이 2점을 얻게 되면 4점이나 손해 보는 셈입니다."

"그렇지. 따라서 공을 빼앗기지 않으려면 공을 안전하게 확보하고 능숙하게 다루어야 한다. 이것을 볼 키핑이라고 한다."

"볼 키핑은 볼을 지킨다는 뜻이죠? 선생님."

"그렇다. 세계적으로 유명한 선수들을 보면 볼 키핑 능력이 아주 탁월한 것을 알 수 있다. 우리도 지금부터 볼 키핑을 연습하겠다. 두 사람씩 짝을 지어, 한 사람은 드리블을 하면서 공격하고 한 사람은 방어하는 연습이다."

연습은 아주 철저했다. 코치 선생님은 쉴 새 없이 잘못을 지적하며 불호령을 내렸고, 선수들도 저마다 주전 멤버가 되려고 은근히 경쟁하고 있었다.

"브라보, 볼을 빼앗기지 않으려고 그냥 드리블만 하면 안 돼. 피벗으로 발을 움직이면서 패스할 곳을 찾거나 상대방 수비자를 따돌려야 돼. 알았나?"

"알겠습니다."

"영수, 공을 그렇게 힘을 주어 꽉 잡고 있으면 패스나 다음 동작으로 어떻게 연결하나!"

코치 선생님의 불호령이 쩌렁쩌렁 체육관에 울려 퍼졌다. 선수들은 계속된 연습에 땀을 비 오듯 쏟고 있었다.

"잠깐, 모두 모여봐라!"

선생님은 선수들을 모두 모아놓고 한 가지 요령을 더 설명했다.

"지금까지 드리블과 볼 키핑을 연습했는데 무엇이 제일 힘들지?"

"앞에서 다른 선수가 가로막고 있으면 피해 가기가 힘들어요."

"왜 힘들까?"

누구도 대답하지 못했다.

"아직 페이크 모션이 없기 때문이다."

"페이크 모션?"

"페이크 모션이란 눈속임 동작을 말한다. 가로막고 있는 수비자가 착각하도록 하는 동작이야. 이를테면 왼쪽으로 움직일 듯하다가 갑자기 오른쪽으로 움직인다거나, 오른쪽으로 패스하는 척하다가 왼쪽으로 패스한다거나, 슛하는 척 점프했다가 우리 편에게 점프 패스한다거나……. 페이크 동작이 없으면 상대편 수비망을 돌파하기 어렵다."

"아, 그렇구나."

"농구 경기를 볼 때 그런 동작을 많이 봤어요."

"페이크는 특히 공격자들에게 아주 중요한 기술이다."

선생님은 이번에는 5명씩 두 팀으로 나눠 한 팀은 수비하고 다른 한 팀은 공격하는 연습을 시켰다.

"아직 수비 연습을 하는 것은 아니다. 공격 연습이다. 드리블, 볼 키핑, 패스를 연습하는 거야. 수비자들을 돌파할 때 페이크를 잘 활용해봐라."

누구보다 자신 있는 사람은 지환이었다. 지환이는 6학년으로 키도 크고, 농구 교실에 오기 전부터 이웃의 중학생 형들과 오랫동안 농구를 해봤기 때문에 실력이 뛰어났다. 그래서 누구나 지환이가 농구팀 주장이 될 거라고 생각하고 있었다. 그런데 코치 선생님이 갑자기 지환이를 불러 세웠다.

"지환아, 네가 잘한다는 건 알고 있어. 하지만 드리블을 하면서 너무 재주를 부리려고 한다거나, 혼자서 상대편 선수들을 모두 따돌리려 한다면 공을 빼앗기고 말 거야. 되도록 빨리 패스하는 것이 좋아. 알겠냐?"

"죄송합니다. 선생님."

브라보도 코치 선생님의 말을 들을 수 있었다. 맞는 말이었다. 아무리 실력이 뛰어난 선수도 혼자 상대편 선수들을 모두 제치고 슛하기는 어렵다. 팀 전체가 서로 협력해야 슛할 기회도 생기고, 득점도 많이 올리게 된다.

오늘은 브라보가 좋아하는 프로 농구팀 SK나이츠의 경기가 있는 날이다. 브라보는 아빠에게 부탁해 경기장에 가서 직접 보고 싶었지만 그럴 수가 없었다. 매일같이 계속되는 연습을 빠질 수 없었기 때문이다. 그런데 코치 선생님이 뜻밖의 말을 했다.

"너희들, 농구 경기를 본 적 있니?"

"그럼요. TV에서 농구 중계가 있으면 빼놓지 않고 보는 걸요."

"저는 NBA 중계도 봐요."

아이들이 저마다 자랑스럽게 떠들어댔다.

"그렇구나. 하지만 내 얘기는 TV 중계가 아니라, 경기장에 가서 직접 농구 경기를 본 적이 있는가를 묻는 거다."

"네, 가봤어요."

몇 명의 아이들이 손을 들었다. 브라보도 자신 있게 손을 들었다.

"저는 아빠하고 SK나이츠의 경기를 봤어요."

"어, 그래?"

"오늘 SK나이츠의 경기가 있는데 연습 때문에 못 가요."

"염려 말아라. 그렇지 않아도 오늘은 연습을 쉬고 SK나이츠의 경기를 보러 갈 계획이다."

"네에? 우리 팀 모두요?"

"그렇다. 연습을 쉰다고 해서 그냥 놀면 안 되잖니. SK나이츠의 경기를 보면서 현장학습을 하자."

"와아, 신난다!"

"코치 선생님 최고!"

선수들이 일제히 환호성을 질러댔다. 브라보는 너무 좋아서 춤이라도 추고 싶었다.

"프로 선수들은 모두 실력이 뛰어난 선수들이다. 우리가 그동안 배우고 연습한 것을 머릿속에 그리면서 경기를 잘 살펴봐라. 특히 공격을 어떻게 하는지 꼼꼼히 살펴봐라."

"네엣!"

경기장은 관중들의 열기로 가득 차 있었다. 수준 높은 경기를 직접 보는 것은 재미있는 일이고, 브라보와 같은 어린 농구 선수들에게는 큰 도움이 된다. 농구 경기를 관람하다 보면 자기도 모르게 훌륭한 기술을 배우게 되고, 따라하고 싶어지기 때문이다.

경기는 아슬아슬하게 진행되다가 결국 SK나이츠의 승리로 끝났다. 농구 교실 어린이 선수들은 마치 자신들이 경기를 하고 있는 것처럼 열심히 경기를 지켜봤다.

경기가 끝나자, 코치 선생님은 아이들을 데리고 음식점에 가서 함께 저녁 식사를 했다. 코치 선생님이 물었다.

"현장학습을 한 소감이 어떠냐?"

"너무 재미있었어요."

"저도 프로 선수들처럼 잘하고 싶어요."

"공격을 아주 쉽게 해서 놀랐어요."

"선수들 손발이 척척 맞아요."

"허허, 쉽게 공격을 하고 선수들끼리 손발이 척척 맞는 것은 오랜 연습의 결과이다. 그리고 약속된 공격 전술에 따라 움직이기 때문이지."

"공격 전술이란 게 뭐에요?"

"공격 전술의 핵심은, 어떻게 해야 득점을 많이 올릴 수 있는가에 맞춰진다. 그러자면 상대편의 방어를 뚫기 위해 여러 가지 전술과 작전을 세워야 하지. 또 우리 편의 장점은 살리고, 상대편의 약점을 파악해서 효과적인 전술을 마련해야 한다."

"재미있겠는데요. 저희들도 빨리 공격 전술을 배우고 싶어요."

"그래서 내가 공격 전술에 대한 중요 사항들을 정리해 왔단다. 식사를 마치고 나눠줄 테니 집에 가서 잘 읽어봐라."

브라보는 집에 돌아오자마자 코치 선생님이 나눠준 인쇄물을 살펴보기 시작했다.

브라보의 미니 농구 교과서-7

공격 전술 준비

■ 공을 잡으면 언제나 슛을 하겠다는 의도를 가지고 있어야 한다. 공격의 목적은 슛이다.

■ 슈팅할 기회를 찾으며 끊임없이 상대편 바스켓을 쳐다봐야 한다.

■ 공을 오래 갖고 있기보다 쉴 새 없이 패스하며 상대편의 방어망을 흩트려 놓아야 한다.

■ 우리 편이 공을 잡으면 재빨리 상대편 진영으로 들어가 자기 자리를 확보해야 한다.

■ 상대편의 빈틈을 찾아 부지런히 움직여야 한다. 그래야 패스가 원활하게 이루어진다.

공격전술

1. 속공

선수들의 스피드가 좋고 짜임새 있는 팀이 주로 사용하는 전술이다. 상대편의 동작이 느릴 때 효과적이다. 특히 상대편의 슛이 들어가지 않고 우리 편이 리바운드를 잡았을 때, 재빨리 속공으로 연결하면 비교적 쉽게 득점할 수 있다.

2. 프리 오펜스

5명의 선수가 드리블과 패스로 빈틈을 노리다가 어느 선수든지 슈팅 기회가 생기면 즉시 슛으로 연결하는 전술이다. 일종의 개인플레이로, 선수들의 기술과 득점력이 상대편보다 우세할 때 주로 사용한다.

3. 패턴드 오펜스(Patterned Offense)

5명의 선수가 약속된 작전에 따라 민첩하게 움직이며 득점 기회를 만드는 팀플레이이다. 상대편의 수비력이 뛰어나거나 밀착 수비 등으로 상대가 강력하게 방어할 때 주로 사용된다.

방어(디펜스)

주니어 나이츠 어린이 농구팀 선수들은 꾸준히 연습과 훈련에 열중한 덕분에 실력이 하루가 다르게 발전했다. 코치 선생님도 흐뭇해하며 칭찬을 아끼지 않았다.

"지금까지 많은 어린이들을 지도해 왔지만 여러분처럼 열심히 하는 어린이들은 처음이다. 실력도 빠르게 늘고 있어서 무척 기쁘구나."

"와아, 파이팅!"

선수들은 코치 선생님의 칭찬에 박수를 치며 기뻐했다. 당장 경기를 해도 이길 수 있을 것 같은 자신감이 넘쳐흘렀다.

"지금까지 여러 가지 공격 방법과 전술에 대해서 연습했다. 공격 전술은 어느 한 가지만 고집하지 않는다. 경기마다 그때그

때 상황에 따라 여러 전술을 바꿔가며 가장 효과적인 전술을 사용할 거다."

"상대편이 어떻게 방어하는지도 알아야 하지요?"

"그렇다. 상대편의 방어 전술에 따라 우리 편의 공격 전술도 달라져야 한다. 당연히 우리 편도 방어 전술이 있어야겠지?"

"네, 맞아요."

"그래서 오늘부터는 방어 전술을 연습하겠다."

자신감과 의욕에 선수들의 눈이 초롱초롱 빛났다. 코치 선생님이 잠시 자리를 비운 동안 아이들은 마구 떠들어댔다.

"난 공격수가 될 거니까 수비는 너희들이 해라."

"5학년 선수들은 수비를 해라. 공격은 6학년이 할 테니까."

"브라보가 악착같으니까 수비를 잘할 거야."

"농구는 전원이 공격하고, 전원이 수비한다는 거 몰라?"

"어차피 주전 선수, 스타팅 멤버 5명은 6학년이 하게 될 거야."

"그럼 5학년은 모두 후보 선수란 말이야?"

"그게 당연하잖아?"

정말 그럴지도 모른다는 생각에 브라보는 은근히 걱정이 되었다. 농구 대회에 나가게 되면 꼭 주전 선수가 되고 싶었다. 코치 선생님이 와서 방어디펜스에 대한 인쇄물을 나눠주시며 설명해주었다.

“디펜스는 한마디로 상대편의 공격을 효과적으로 막아내는 것이다. 농구는 잘 알다시피 공격과 수비가 끊임없이 되풀이되는 경기다. 따라서 우리 팀이 공격할 때 확실하게 득점하고, 수비할 때 상대 팀의 공격을 잘 막아내면 이길 수 있다. 어떻게 해서든지 상대 팀의 드리블, 패스, 슈팅을 방해하고 차단해야 한다.”

“하지만 파울을 하면 안 되죠?”

“물론이다. 어쩔 수 없이 파울을 하게 될 때도 있지만, 가능하면 파울을 하지 않고 상대 팀의 공격을 막아내야 한다. 우선 지금 나눠준 인쇄물을 읽어봐라. 방어의 요령이다.”

브라보는 코치 선생님이 나눠준 인쇄물을 읽어 내려갔다.

브라보의 미니 농구 교과서-8

디펜스의 요령

■ 공격하는 상대편 선수보다 더 많이 움직이고 더 빨리 움직여야 한다.

■ 자세를 낮추고 양손을 크게 벌려 패스, 드리블을 방해해야 한다.

■ 판단이 빨라야 한다. 상대편의 공을 가진 선수가 어느 방향으로 이동하는지, 어느 쪽으로 패스하려는지 재빨리 파악하고 진로와 움직임을 먼저 차단해야 한다.

■ 공을 가진 상대편 선수를 집중적으로 막아야 한다. 5명이 모두 공을 가진 상대편 선수에게 달라붙는 것이 아니라, 포지션에 따라 그를 방어해야 할 선수와 옆에 있는 선수가 협력 수비를 하는 것이다. 또는 자기가 맡은 수비 지역을 철저하게 지키면서 상대편 선수가 침투하지 못하게 막아야 한다.

■ 되도록 상대편의 골밑 접근을 막아 슛을 못하게 하고, 리바운드를 우리 편이 잡아내도록 도와야 한다.

■ 골밑을 수비하는 선수는 상대편 선수가 골밑에서 슛을 시도할 때, 움직임을 먼저 파악하고 점프해서 슛 블로킹을 할 준비를 해야 한다.

방어전술

1. 맨투맨 디펜스

말 그대로 대인 방어 전술이다. 1 대 1로 상대편 공격자를 한 사람씩 맡아서 철저하게 방어하는 방식이다. 밀착 수비를 하면서 상대편의 침투를 차단하고 원활한 패스와 드리블을 방해한다.

2. 존 디펜스

5명의 수비 선수가 미리 수비 지역을 분담해서 자기가 맡은 지역의 수비를 책임지는 방식이다. 흔히 지역 방어라고 한다. 공격이 끝나면 득점 여부에 상관없이 재빨리 자기편 코트로 돌아와 상대편이 공격하기 전에 미리 그물처럼 수비망을 짜놓아야 한다.

"잘 읽어봤나?"

"네!"

"지금 나눠준 인쇄물을 그냥 한 번 읽어보고 버리라고 준 것이 아니다. 집에 가서도 몇 번씩 읽고 완전히 이해를 해야 한다. 방어 전술을 제대로 이해하고 자기가 맡은 역할을 다하는 것이 중요하다. 알겠나?"

"잘 알겠습니다!"

"자, 이제부터 디펜스 연습에 들어가겠다."

코치 선생님은 5명씩 두 팀으로 나눠, 번갈아가면서 한 팀은 공격하고 한 팀은 수비를 하도록 했다. 공격보다 방어의 기술을 익히는 데 중점을 둔 연습이었다.

"더 바짝 붙어야지. 그렇게 허술하면 누구나 빠져나갈 수 있어! 맨투맨 수비가 잘 이루어지면 상대편이 공격 찬스를 만들지 못해 공격제한시간을 넘기게 할 수 있어. 정확한 패스를 방해해서 가로채기도 할 수 있고."

수비는 공격보다 힘들었다. 모두 지쳐서 땀을 뻘뻘 흘렸다. 코치 선생님은 쉴 새 없이 연습을 시켰다.

"존 디펜스, 지역 방어도 그렇다. 공격 팀도 그에 맞서 빠르게 패스를 하면서 수비망을 흩트려놓으려고 하기 때문에, 패스의 방향과 공격 선수의 움직임을 미리 파악하고 먼저 좋은 위치를 확보해야 해. 자자, 더 빨리 움직여! 움직임이 굼뜨면 공격자를 무리하게 밀치거나 손목을 건드려 반칙을 저지르게 된단 말이야."

마치 군인이 훈련하는 것 같았다. 한바탕 연습을 하고 나서 모두 지쳐 쓰러졌다. 코치 선생님은 휴식 시간을 주면서 깜짝 놀랄 만한 소식을 전했다.

"모두 잘 들어라. 기쁜 소식이다."

마룻바닥에 제멋대로 누워서 숨을 헐떡이던 선수들이 벌떡 일어났다.

"뭔데요?"

"유소년 농구 대회에 우리 팀의 참가가 결정됐다."

"우와!"

"농구 대회가 이제 두 달밖에 남지 않았다. 모두 각오를 단단히 하고 정말 열심히 연습해야 한다."

"네. 빨리 연습해요, 선생님."

지쳐 쓰러져 있던 선수들이 새롭게 힘이 솟는지 모두 연습을 빨리 하자고 야단이었다. 그런데 코치 선생님이 또 한 번 놀라운 말을 했다.

"너희들이 그동안 연습하는 것을 지켜보면서, 확정된 것은 아니지만 대략 주전 선수 5명을 뽑아놓았다."

갑자기 분위기가 바뀌고 긴장감이 감돌았다. 브라보도 크게 긴장했다.

"물론 모두 정말 열심히 연습했고, 모두 주전 선수가 될 만하다. 하지만 경기에 먼저 나서는 주전 선수들을 구성해놓고 팀워크를 다지는 훈련을 해야 하기 때문에, 어쩔 수 없이 우선 주전 선수 5명을 뽑은 것이다. 그럼 주전 선수의 이름을 부르겠다."

브라보는 두 손을 꼭 쥐고 마음속으로 기도했다. 꼭 주전 선수가 되게 해달라고 빌고 또 빌었다. 그러나 5명의 이름이 모두 나올 때까지 브라보의 이름은 없었다.

"주전 선수가 되지 못한 선수들도 실망할 필요는 없다. 농구는 얼마든지 선수를 교체할 수 있는 경기다. 주전 선수는 먼저 경기에 나서는 스타팅 멤버일 뿐이다. 또 선수들의 컨디션에 따라서 언제든지 주전 선수가 바뀔 수 있으니까 연습을 게을리하면 안 된다. 알겠지?"

코치 선생님은 그렇게 말했지만 아무래도 주전 선수로 뽑히지 못한 사람들은 실망감을 감출 수 없었다. 브라보도 실망감이 컸다. 시무룩한 표정으로 집에 돌아오자 아빠가 대뜸 물었다.

"항상 신바람이 난 표정이더니, 오늘은 왜 표정이 그러니? 코치 선생님께 꾸중 들었니?"

"아니에요."

"그럼, 누구하고 싸웠니?"

"그게 아니고요. 오늘 주전 선수 명단을 발표했는데요, 저는 후보 선수예요."

"허허, 난 또 뭐라고. 별거 아니구나."

"저는 꼭 주전 선수가 되고 싶었어요."

"실망할 일이 아니야. 농구는 경기 상황에 따라 선수들을 쉴 새 없이 바꿀 수 있어. 주전 선수가 아니더라도 언제든지 출전할 수 있는 경기가 농구란다."

"에이, 그래도 주전 선수로 뽑히고 싶었는걸요."

"아직 늦지 않았어, 지금부터 더 열심히 연습하면 주전 선수로 뽑힐 수 있을 거야. 언제든 기회가 왔을 때, 네 실력을 보여주면 얼마든지 주전이 될 수 있어."

"정말 그럴까요?"

"아빠 말을 못 믿니? '기회는 준비하고 있는 사람에게 오는 것이다' 이런 격언 몰라?"

아빠의 말에 브라보는 다시 용기가 솟아났다. 다음 날부터 브라보는 명랑한 모습으로 누구보다 더 열심히 연습했다. 코치 선생님도 브라보의 그런 모습을 보며 기회가 있을 때마다 격려해 주었다.

"좋았어. 바로 그거야! 슈팅 자세도 좋고, 악착같은 수비가 아주 좋다. 브라보가 우리 선수들 중에서 가장 빠른 것 같구나."

"감사합니다."

어느덧 농구 대회가 일주일 앞으로 다가왔다. 바비는 친구들을 모아서 응원단을 만들었다. 스스로 응원단장을 맡기까지 했다. 브라보는 언젠가 꼭 주전 선수로 뽑히리라는 마음가짐으로 꾸준히 연습했다. 그때 코치 선생님이 브라보를 불렀다.

"브라보, 네가 스타팅 멤버로 뛰어야 할 것 같다."

"제가요?"

"그래, 스타팅 멤버인 6학년 명철이가 연습하다가 발목을 다쳤다."

브라보는 다른 선수들과 함께 병원으로 명철이를 위문하러 갔다.

"명철이 형, 내가 형의 몫을 다할게."

"그래, 네가 나보다 잘할 수 있을 거야. 처음 나가는 대회니까 꼭 이겨야 돼."

"염려 마. 꼭 이길 테니까 두고 봐."

아빠의 말대로 꾸준히 준비해온 브라보에게 주전 선수가 될 기회가 왔다. 브라보는 농구 대회가 열리는 날을 손꼽아 기다리며 한층 연습에 매진했다.

전국 유소년 클럽 농구대회
2010년 00월 00일 ~00일
와
와아
와
브라보가 이런 대회에서 뛰다니 정말 자랑스러워요.
그동안 열심히 연습했으니, 잘해낼 거요.
주니어 나이츠 파이팅!
필승! 주니어 나이츠 파이팅!!
오늘 첫 경기를 갖게 될 양 팀을 소개해 주십시오.
와
와
큰별 주니어는 전통적인 강팀입니다. 여기 맞서는 주니어 나이츠는 신성이라고 할 수 있겠지요. 대회 첫 출전입니다.
아직 수준이 어느 정도인지 짐작하기 어렵군요.
그렇습니다. 경기를 지켜봐야 알겠습니다.
브라보 오빠, 파이팅!

모두
꼬마들이네.
이기기
쉽겠다.
힘으로
밀어붙이자.
주눅 들지 말고
연습한 대로 하면 돼,
알겠지?
타앗
경기가
시작됐습니다.
퉁
퉁
출렁

시작하자마
자 두 골이나
허용하다니!
괜찮아. 아직
시간은 많아.
프리스로 투 샷!
타앗
휘익
촤악
와
골인! 골인!
브라보 파이팅!
필승!
주니어 나이츠
브라보가
자유투를 모두
성공시켰어요!
브라보!
자랑스러운
우리 아들!
와
슈욱

시간이 흐를수록 점수 차가 벌어지는군요.
네, 첫 출전인 주니어 나이츠에게 큰별은 역시 벅찬 상대였나 봅니다.
타임!
우리보다 신체 조건이 좋은 큰별 선수들을 상대하려면 어떻게 해야 할까?
더 빨라야 해요.
더 바짝 붙어서 막아야 합니다.
롱슛을 많이 해야 되겠어요.
바로 그거야. 개인플레이보다 팀플레이를 해야 돼. 패스도 더 빨라야 하고.
더 바짝 붙고, 더 빨리 움직이자.
힘내서 해보자!

주니어 나이츠, 확 달라진 모습입니다!
퉁
파앗
!
큰별 선수들 당황하는군요.
타앗
브라보 선수, 재빠른 돌파! 경기에 활력을 불어넣습니다.
투웅
저 꼬마를 막아! 절대로 그냥 보내면 안 돼!
파앗
팟

오, 놀랍습니다! 주니어 나이츠의 브라보 선수. 놀라운 실력을 보여주는군요.
어느새 동점. 이제 6초 남았습니다!
:06
브라보 선수, 다시 공을 잡았습니다.
팟
투웅
휘익
촤악
골인!
역전! 종료 직전에 성공한 브라보 선수의 슛으로 주니어 나이츠가 22대 21로 승리했습니다!
와
삐이!
와
아빠, 우리 기념사진 찍어요!
찰칵!

5

NBA 이야기

삐이!

최고 인기의 미국 프로 농구

"그렇지, 그거야!"

"덩크슛. 골인!"

브라보네 가족은 NBA 경기 TV 중계를 즐겨본다. 아빠는 시카고 불스의 열성 팬이고, 브라보는 LA 레이커스의 열렬한 팬이다. 어린이 농구 선수가 된 브라보는 더욱 흥미롭게 NBA 중계를 보게 됐다.

브라보와 함께 농구를 배우면서 점점 농구에 재미를 느끼게 된 바비가 아빠에게 질문을 쏟아놓기 시작했다.

"아빠, 저도 자세히 알고 싶어요."

"뭘 말이냐?"

"NBA에 대해서 설명 좀 해주세요."

"NBA는 세계에서 가장 인기 있고, 가장 수준 높은 경기를 펼치는 미국의 프로 농구 리그를 말하는 거야."

"그쯤은 저도 아는데요. NBA가 무슨 뜻이에요?"

"NBA는 'The National Basketball Association'의 약자로, 미국 프로 농구를 주관하는 단체 이름이야. 하지만 NBA라고 하면 미국 프로 농구 전체를 가리키는 말로도 사용되지."

"NBA 농구는 왜 그렇게 인기가 높아요?"

"아주 재미있으니까 인기가 높지."

브라보가 끼어들었다.

"오빠는 좀 빠져주었으면 좋겠어."

"NBA 농구는 세계 최고 수준의 농구 스타들이 빼어난 기량을 뽐내거든. 화려한 묘기, 번개 같은 스피드, 독특한 경기 규칙 등 재미있는 요소들이 아주 많아 관중들을 사로잡는단다."

"경기를 할 때마다 관중이 2만 명 이상 들어가는 경기장이 꽉 찬대요."

브라보가 기어이 끼어들어 아는 척했다.

"30개에 이르는 농구팀의 열성 팬들은 저마다 자기가 좋아하는 팀의 유니폼을 입고, 경기장 안팎에서 열띤 응원을 펼치기 때문에 NBA 농구팀의 유니폼은 어느덧 대중 패션이 되기도 했지."

"우리나라에도 아빠나 오빠처럼 NBA 팬들이 많죠?"

"아주 많지. 어린이 팬들도 많아졌단다."

이번에는 브라보가 아빠에게 질문을 했다.

"아빠, NBA 농구팀은 30개나 된다고 하셨죠?"

"그래."

"어휴, 농구팀이 그렇게 많다는 걸 처음 알았어요. 그렇게 많은 팀이 어떻게 경기를 하는지 궁금해요."

"그건 그냥 말로 설명하기에는 좀 어렵구나. 종이에다가 쓰면서 설명할 테니까 잘 보렴."

브라보의 미니 농구 교과서-9

NBA의 구성

1. NBA의 탄생

1946년(제2차 세계대전이 끝난 직후, BBA리그에서 시작 64년의 역사)

2. 농구팀의 수

현재 미국의 각 도시에 연고지를 둔 29개 팀과 캐나다에 1개 팀

3. 경기 방식

■ 30개 팀을 지역에 따라 2개 리그로 나눈다.

- 동부 지역 – 이스턴 컨퍼런스(15개 팀)
- 서부 지역 – 웨스턴 컨퍼런스(15개 팀)

■ 2개의 컨퍼런스를 또다시 지역에 따라 3개씩 디비전으로 나눈다.

- 이스턴 컨퍼런스 – 대서양 지구(디비전)
남동부 지구(디비전)
중부 지구(디비전)
- 웨스턴 컨퍼런스 – 남서부 지구(디비전)
북서부 지구(디비전)
태평양 지구(디비전)

■ 각 디비전은 5팀으로 이루어진다.

■ 정규시즌은 보통 매년 11월에 시작해서 다음 해 4월까지 계속되

며 각 팀당 82게임을 치른다.

■ 먼저 각 디비전에 소속된 팀들끼리 홈 앤드 어웨이 방식으로 4게임씩 치르고, 다른 컨퍼런스 팀과 2게임씩 경기를 갖는다.

■ 정규시즌을 끝낸 성적을 기준으로 각 컨퍼런스에서 상위 8개 팀을 뽑는다. 이 팀들이 플레이오프에 진출하여 토너먼트를 거쳐 컨퍼런스 챔피온을 가린다.

■ 마지막으로 2개 컨퍼런스 우승팀끼리 NBA 챔피언 결정전을 갖는다.

NBA의 명문 팀들

"어휴, 정말 팀도 많고 경기 방식도 복잡하네요."

"이렇게 많은 팀들 가운데 알아둘 만한 명문 팀은 어느 팀이에요?"

"NBA는 역사가 긴 만큼 명문 팀들도 많단다. 대표적인 명문 팀으로는 먼저 보스턴 셀틱스를 손꼽을 수 있지. 무려 17회나 NBA 챔피언을 차지한 팀이야."

"아빠가 좋아하시는 시카고 불스도 유명한 팀이죠?"

"당연하지. 농구 황제 마이클 조던의 활약을 통해서 전 세계에 널리 알려진 팀이자, 가장 많은 팬을 거느린 팀으로 유명했단다."

"저도 알아요. 팀 상징이 붉은 황소잖아요?"

"그렇지. 붉은 황소가 새겨진 이 팀의 유니폼은 전 세계 젊은이들이 가장 즐겨 입는 유니폼이기도 하단다. 시카고 불스는 여섯 차례나 NBA 챔피언을 차지했지."

"오빠가 좋아하는 LA 레이커스는요?"

"아, 결코 빼놓을 수 없는 명문 팀이지. 보스턴 셀틱스나 시카고 불스가 미국 동부 지역 최고 팀이라면 LA 레이커스는 서부 지역의 명문 팀이거든. 스타 선수들이 많은 팀으로 인기가 높지."

NBA의 유명한 선수들

"아빠, NBA에서 유명한 선수들은 누가 있어요?"

"아주 많지."

"마이클 조던부터 말씀해주세요."

"아마 농구를 좋아하는 사람치고 마이클 조던을 모르는 사람은 없을 거야. NBA 슈퍼스타 가운데서도 가장 잘 알려진 선수니까. 이미 은퇴한 지 오래됐지만 현역 시절에는 '농구 황제', '농구의 신'으로 불렸단다. 점프가 워낙 뛰어나서 '에어 조던'이라고 불리기도 했지."

"시카고 불스 팀 선수였죠?"

"나중에는 다른 팀으로 옮기기도 했지만, 조던이 맹활약할 때 시카고 불스는 여섯 번이나 우승을 차지했단다."

"또 유명한 선수는 누군가요?"

"천천히 꼽아볼까? 윌트 체임벌린이라는 선수는 혼자서 한 경기에서 무려 100점의 득점을 올렸고, 카림 압둘자바는 NBA 사상 최고의 센터로 손꼽히는데 총 3만 8천 점 이상을 기록해 통산 득점 1위에 올라 있단다. 오래전에 은퇴한 선수들이지만 모두 LA 레이커스 선수였지."

"LA 레이커스에는 매직 존슨도 있었잖아요?"

"맞다. 매직 존슨도 LA 레이커스가 배출한 슈퍼스타였다. 그 밖에도 샤킬 오닐, 하킴 올라주원, 찰스 바클리, 앨런 아이버슨, 칼 말론 등 일일이 손꼽기도 어려울 정도로 유명한 선수들이 많지."

"앨런 아이버슨은 저희들도 잘 알아요. 키가 183cm밖에 안 돼요. 농구 선수로는 아주 작은 키잖아요? 그렇지만 워낙 기술이 뛰어나서 마치 농구 코트 위를 나는 새 같아요."

브라보가 신이 나서 마구 떠들었다.

"그렇지, 키가 작아도 훌륭한 농구 선수가 될 수 있다는 걸 보여준 선수지. 그러니까 브라보, 너도 키가 좀 작다고 실망하지 말고 열심히 하렴."

NBA의 경기 규칙

"아참, 아빠."

브라보가 퍼뜩 뭔가 생각난 듯 아빠를 불렀다.

"왜?"

"아까 NBA는 규칙이 독특하다고 하셨잖아요?"

"그랬지."

"규칙이 많이 다른가요?"

"국제 농구 규칙과는 몇 가지 차이가 있거든."

"왜 다른 거죠?"

"농구 경기를 더욱 박진감 넘치게 하고, 흥미 있게 하기 위해서지."

"어떻게 다른지 궁금해요."

"호호, 오빠가 농구 선수가 되더니 이제는 NBA에 진출하려나 봐."

바비의 말에 아빠도 크게 웃으시며 NBA만의 독특한 경기 규칙 몇 가지를 설명해주었다.

브라보의 미니 농구 교과서-10

NBA 경기 규칙

1. 경기 시간

4피리어드, 즉 4쿼터제는 마찬가지지만 국제 규칙이 쿼터당 10분인데 NBA는 12분이다. 따라서 전체 경기 시간이 48분으로 8분이 더 길다. 연장전은 5분이 주어지며 승부가 날 때까지 5분씩 연장을 계속한다.

2. 공격제한시간

현재 모든 농구 경기는 공격제한시간에 '24초룰'을 적용하고 있다. 즉 상대편 진영으로 들어가 24초 안에 슈팅을 하지 못하면 공격권을 잃게 되는 것이다. 그전에는 30초였는데 NBA가 처음으로 24초룰을 도입했으며 지금은 아마추어 농구에서도 보편화되어 있다.

다만 국제 규칙에서는 24초 안에 슈팅한 볼이 림에 맞지 않고 백보드에 맞기만 해도 슈팅으로 인정해서 공격 팀이 리바운드를 잡으면 공격을 계속할 수 있다. 그러나 NBA에서는 슛이 들어가지 않았을 때, 반드시 림을 맞고 나온 공을 리바운드해야 슈팅으로 인정받아 공격을 계속할 수 있다.

3. 식스 파울

국제 농구 규칙에서는 한 선수가 5번 파울을 범하면 퇴장당한다. 그러나 NBA는 경기 시간이 8분이나 더 길고 신체 조건이 좋은 선수들이 치열하게 몸싸움을 벌이기 때문에 식스 파울, 즉 6번 파울을 해야 퇴장 조치한다. 하지만 지나치게 몸싸움을 벌이거나 심판에게 폭언을 하는 등, 테크니컬 파울을 범했을 때는 2번 만에 퇴장당할 수 있다.

4. 3점슛

국제 농구 규칙에 따르면 골밑에서 6.25m(2011년부터 6.75m로 변경) 떨어진 곳에 3점슛 라인이 있어야 한다. 그러나 NBA에서는 그보다 먼 7.24m 떨어진 곳에 3점슛 라인이 그려져 있다.

여기를 보세요!

마이클 조던

NBA 역사상 가장 위대한 선수로 손꼽히는 마이클 조던은 현역시절 '농구의 황제' 라 불렸다. 키 198cm, 체중 97kg으로 NBA 선수로는 결코 큰 체격이 아니었다.

고등학교 선수 시절에는 키가 작고 몸집이 작아 고교 선발팀에 뽑히지 못할 정도였지만, 피나는 노력으로 고등학교 졸업 무렵에는 지역 최고의 농구 선수가 되었다. 노스캐롤라이나 대학으로 진학한 조던은 대학 선수로서 뛰어난 활약을 펼쳐, 1984년 NBA 시카고 불스에 입단했다.

매 경기마다 30점 이상의 득점을 올리는 조던의 활약으로 시카고 불스는 승승장구했다. 조던은 1993년 은퇴하기 전 3번이나 NBA 챔피언에 올랐고, 1995년 복귀 후에도 3년 연속 챔피언십을 차지했다. 조던은 그 후 다시 은퇴하지만 2001년에 또다시 복귀를 선언하고, 자신이 구단 경영에 참여하고 있던 워싱턴 위저즈에 선수로 입단한다. 그의 연봉은 한때 우리 돈으로 300억 원이 넘었다.

1963년생인 조던은 2003년, 40세의 나이로 은퇴했다. 그러나 그 뒤에도 여전히 프로 농구에 관여하며 2009년에는 미국 농구 명예의 전당에 헌액되었고, 2010년에는 샬럿 밥캐츠 팀의 구단주가 되었다.

조던은 자신이 농구 선수로 성공한 이유에 대해 아래와 같은 유명한 말을 남겼다.

"나는 선수 시절 9천 번 이상이나 슛에 실패했다. 거의 3백 번의 경기에서 패배했다. 경기를 반드시 승리로 이끌어야 한다는 임무를 부여받고도 26번이나 실패했다. 그리고 나는 인생에서 거듭해 실패를 계속해왔다. 이것이 정확히 내가 성공한 이유이다."

실패는 성공의 어머니라는 사실을 농구 황제 마이클 조던이 증명해 주고 있는 셈이다.

가슴을 뜨겁게 뛰게 하는 스포츠, 농구

농구와 함께하는 즐거운 인생을 위해

SK Knights

- **연고지** 서울
- **창단** 1997년
- **프로농구 최초 3년 연속 15만 관중 돌파 기록(2010년 3월)**
- **주요 성적**

2000년 4월 1999~2000 시즌 챔피언 결정전 우승
2001년 3월 2000~2001 정규리그 3위, 플레이오프 4강
2002년 3월 2001~2002 정규리그 2위
2002년 4월 2001~2002 시즌 챔피언 결정전 준우승
2013년 3월 2012~2013 정규리그 1위

- **구단 사무국**

주소 : 서울시 중구 을지로2가 11번지 SKT타워 18층
전화 : 02) 6100-7508

- **연습 체육관**

주소 : 경기도 용인시 양지면 평창리 325-5
전화 : 031) 322-6141

- **홈 경기장 (서울 잠실 학생 체육관)**

주소 : 서울시 송파구 잠실동 10-3
전화 : 02) 422-2285 (학생체육관 관리과)
수용 규모 : 6천 5백석
웹사이트 주소 - http://www.sksports.net/

홈 경기장 (서울 잠실 학생 체육관) 실내외 모습

엠블럼

SK나이츠의 엠블럼은 팀의 대표적 시각 상징 요소로서 중세 유럽기사의 검과 이니셜 "K"를 오버랩시켜 용맹스럽고 스피드한 구단의 의지를 표현합니다. 또한 역동적이고 전진하는 미래상과 명문 구단으로 거듭나고자 하는 비전을 담고 있습니다.

마스코트 덩키(Dunky)

중세 기사풍의 투구와 갑옷을 착용한 기사의 모습을 귀엽고 친근하게 표현한 덩키(Dunky)는 SK나이츠의 마스코트로, 구단과 팬 사이의 커뮤니케이션을 보다 친밀하게 연결해주는 다리 역할을 하고 있습니다. 1999년 3월 11일에 태어난 덩키는 O형으로 피자와 스파게티를 좋아하며 댄스와 노래를 취미로 가지고 있습니다. 그의 장래희망은 SK나이츠의 주전 센터가 되어 KBL 덩크슛 챔피언이 되는 것입니다.

SK Knights

- **유소년 클럽명** 주니어 나이츠 농구 교실

- **유소년 클럽 소개**

서울 SK 나이츠와 함께하는 주니어 나이츠 농구 교실은 2006년 시작되었으며 2010년 현재 20개 지점 약2,000명의 회원이 있습니다. 서울 및 경기 지역 유소년들의 건강한 육체와 건전한 정신 함양을 위해, 선수 출신의 전문 강사들이 체계적인 맞춤 프로그램을 가지고 SK 주니어 나이츠 농구 교실을 운영합니다.

- **문의처**

  • 전화 : 1577-6637 • e-mail : chun1735@hanmail.net

- **모집 대상**

초등학생 / 중학생

- **운영 내용**

  • 수업 인원 : 팀당 정원 12명(최대 15명)
  • 수업 일수 : 주1회, 주2회, 주3회 기타
  • 수업 시기 : 주중반(월~금) / 주말반(토, 일)
  • 장소 : 각 지점별 체육관

- **주니어 나이츠 혜택 및 활동 내역**

  • SK 주니어 나이츠 평생회원 등록
  • 홈경기 무료 입장
  • 성장 발육 측정
  • 상해 보험 무료 가입
  • SK 나이츠 선수들과 함께하는 여름캠프 참여
  • 선수들과 함께하는 농구클리닉 참여
  • KBL 유소년 농구 대회 참가
  • 주니어 나이츠 홈페이지 오픈(회원들을 위한 정보 및 자료 제공)

SK